ADAC Reiseführer

Baltikum

Estland Lettland Litauen

von Robert Kalimullin und Christine Hamel

 ADAC Top Tipps

Das müssen Sie gesehen haben!
Die zehn Top Tipps bringen Sie
zu den absoluten Highlights.

 ADAC Empfehlungen

Unterwegs gut beraten: Diese
25 ausgesuchten Empfehlungen
machen Ihren Urlaub perfekt.

Preise für ein DZ mit Frühstück:
€ | bis 60 €
€€ | bis 90 €
€€€ | ab 90 €

Preise für ein Hauptgericht:
€ | bis 10 €
€€ | bis 15 €
€€€ | ab 15 €

■ Service

*Alle wichtigen reisepraktischen
Informationen – von der Anreise
über Notrufnummern bis hin zu
den Zollbestimmungen.*

*Zu diesen Orten und Sehens-
würdigkeiten finden Sie Detailkarten
im Innenteil des Reiseführers.*

Umschlag:

ADAC Top Tipps: Vordere
Umschlagklappe, innen ➊

ADAC Empfehlungen: Hintere
Umschlagklappe, innen ➋

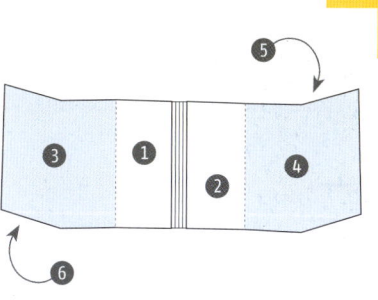

Übersichtskarte Baltikum Nord:
Vordere Umschlagklappe, innen ➌
Übersichtskarte Baltikum Süd:
Hintere Umschlagklappe, innen ➍

Stadtplan Riga: Hintere Umschlagklappe, außen ➎
Ein Tag in Tallinn: Vordere Umschlagklappe, außen ➏

Das Baltikum – ein harmonischer Dreiklang

*Hinter der Vielfalt der Baltenrepubliken finden Urlauber
eine Einheit aus Kultur, Erholung und Natur*

Der Laheema-Nationalpark in Estland ist ein überaus reiches Naturparadies

Estland, Lettland und Litauen, drei Länder, aufgereiht wie an einer Perlenkette entlang der Ostsee: Das Baltikum ist Sehnsuchtsort für eine stetig wachsende Zahl von Erholungsuchenden, Aktivurlaubern und kulturell interessierten Reisenden. Das Baltikum – dieser Begriff verspricht Ruhe und Entschleunigung auf dem Land, aber auch junge, dynamische Hauptstädte am Puls der Zeit; er beschwört Bilder von Meer und Stränden, Wäldern und Wiesen, Burgen und Schlössern, vom Charme des Ostens und der Mystik des Nordens, von Geschichtsbewusstsein und Aufgeschlossenheit für die Zukunft.

Natur pur

Die über 4400 km lange Ostseeküste säumen Stein-, Kiesel- und Sandstände – vom Finnischen Meerbusen im

Norden bis zur Kurischen Nehrung im Süden. Das von Flüssen und Mooren durchzogene Landesinnere dominieren ausgedehnte Wälder, zu denen sich zwischen dem Peipussee ganz im Nordosten Estlands und dem Dzūkija-Nationalpark im Südosten Litauens wunderschöne Seenketten und liebliche Hügel gesellen.

Nationalpark in Nordwestlettland nisten die seltenen Schwarzstörche.

Überwältigend ist das Farbenspiel, wenn das Licht im Mai allmählich intensiver und die Nächte immer heller – weißer – werden, bis im Juni die blaue Stunde gar nicht mehr zu enden scheint und schließlich der mitternächtliche Himmel rot in Flammen steht. Die Mittsommernacht wird überall im Baltikum mit Johannisfeuern, Tanz und Musik gefeiert.

Baden, Kanu- und Radfahren

Die Monate Juni bis August, die im Allgemeinen angenehm warm und

Sockelfiguren am Freiheitsdenkmal in Riga (unten) – Maritimes Flair in der Hafenstadt Klaipėda (ganz unten)

Die drei Länder sind mit insgesamt 175 120 km² nicht einmal halb so groß wie Deutschland und mit 35 Einwohnern pro km² vergleichsweise dünn besiedelt, sodass trotz kurzer Wege das Gefühl der Weite vorherrscht. Große Teile der Natur stehen als Nationalparks unter Schutz. In den undurchdringlichen Wäldern des Lahemaa-Nationalparks im Norden Estlands leben z.B. Luchse und Wölfe, im Slitere-

Ein harmonischer Dreiklang

Lettlands prächtiges Schloss Rundāle (oben) – Festtagsschmuck zum Mittsommerfest (Mitte) – Tallinns mittelalterliche Stadtmauer (unten)

mala nahe der lettischen Hauptstadt, der sanft in die Rigaer Bucht ausläuft. Das nordische Klima garantiert zwar keine Sonne, aber eine frische Brise. Wassersportler finden an der Ostsee reichlich Abwechslung. Wahre Paradiese für Kanuten sind aber auch die naturbelassenen Flüsse und ungezählten Seen im Landesinnern, etwa im Nordosten Lettlands im Gauja-Nationalpark. Radfahrer genießen den Schutz schattiger Kiefernwälder auf der Nehrung. Radwege verbinden etwa die malerischen Fischerdörfer zwischen Smiltynė und Nida.

Perlen für Städtereisende

Das Baltikum lockt aber nicht nur Naturfreunde und Aktivurlauber. Tallinn, Riga und Vilnius bieten mit hübsch restaurierten Altstädten, die

eher trocken sind, eignen sich bestens für einen Badeurlaub an der Ostsee. Als besonders familienfreundlich gilt der breite weiße Sandstrand von Jür-

zu Recht zum UNESCO-Weltkulturerbe zählen, interessanten Museen und modernen Einkaufszentren ein reizvolles Programm für Kulturliebhaber.

In der estnischen Hauptstadt Tallinn können Reisende auf dem Domberg und in der Unterstadt dem Mittelalter nachspüren. Unbedingt einen Besuch wert ist auch die Studentenstadt Tartu, die als geistiges Zentrum Estlands gilt. Riga, die größte Metropole des Baltikums, überzeugt durch Vielfalt, besonders aber durch ein Jugendstilviertel, das in Europa seinesgleichen sucht. Litauens Hauptstadt Vilnius ist wegen ihrer prächtigen Klöster und Kirchen als Perle des Barock bekannt.

Sprache und Kulturen

Eine Baltikumreise bietet außerdem die Chance, auf engem Raum drei eigenständige Länder und verschiedene Völker kennenzulernen. Estland,

Lettland und Litauen haben eigene Sprachen. Während das Estnische eine finno-ugrische Sprache ist, sind Lettisch und Litauisch baltische, also indoeuropäische Sprachen. Daher fühlen sich die Esten den Finnen oft näher

> *Wir können nicht groß in der Zahl werden, werden wir also groß im Geiste.*
>
> Jakob Hurt, estnischer Gelehrter (1839–1907)

als ihren südlichen Nachbarn. Als Lingua franca hat Englisch im Baltikum schon länger Russisch abgelöst, die Verständigung ist zumal mit jungen Leuten kein Problem.

Als roter Faden durch die Geschichte Estlands und Lettlands ziehen sich Jahrhunderte während Fremdherrschaften. Steinerne Zeugen von Chris-

Eine kulinarische Zeitreise ins Mittelalter verspricht Tallinns Restaurant Olde Hanse

tianisierung und Unterwerfung durch deutsche Ordensritter im 13. Jh. sind trutzige Burgen, eindrucksvoll zu sehen z.B. in Cēsis und Sigulda im Nordosten Lettlands. Am Kampf gegen die Ostseeheiden beteiligten sich deutsche Adelige, die im Baltikum mit Land entlohnt wurden. Aus ihren Gutshöfen gingen die oft schlossähnlichen deutschbaltischen Herrensitze hervor, die vielfach restauriert und zu gemütlichen Hotels umgebaut wurden, etwa Palmse mitten im Lahemaa-Nationalpark. Im Schutz der Burgen ließen sich auch deutsche Kaufleute und Handwerker nieder, der Handel und die Städte traten der Hanse bei.

Litauen dagegen entwickelte sich seit dem 13. Jh. als Großfürstentum zu einer Großmacht. Im 15. Jh. reichte die Herrschaft bis zum Schwarzen Meer. Die imposante mittelalterliche Residenz in Trakai gilt den Litauern bis heute als Symbol ihrer Eigenständigkeit.

Im 16. Jh. führte die Reformation im Baltikum zur Auflösung des Deutschen Ordens und die Verlagerung des Handels nach Übersee zum Niedergang der Hanse. Schweden besetzte die heute estnischen und lettischen Gebiete, die seither protestantisch sind. Gleichzeitig riss Polen die Macht in Litauen an sich, das dem Katholizismus treu blieb.

Zum Ende des 18. Jh. geriet das gesamte Baltikum unter russische Herrschaft. Die Zaren hinterließen neben massiven Festungen auch schöne Kuranlagen in Ostseeorten wie Haapsalu, Pärnu und Palanga, die im 19. Jh. zu bevorzugten Sommerfrischen des russischen Adels avancierten.

Vor schmucken Gebäuden laden Cafés an Tallinns Rathausplatz zur Einkehr ein

Eine neue Generation

Wenn die drei baltischen Republiken 2018 jeweils das Jubiläum der Staatsgründung im Jahr 1918 feiern, blicken sie auf ein bewegtes Jahrhundert zurück: Knapp die Hälfte der Zeit verbrachten sie unter wechselnder sowjetischer und deutscher Fremdherrschaft. Wenngleich die Wunden aus dieser Zeit noch immer spürbar sind, ist in allen drei Ländern eine Generation herangewachsen, die die Sowjetunion nur noch als Geschichte kennt und die EU-Mitgliedschaft und das Reisen in Europa als Selbstverständlichkeit wahrnimmt. In den hippen Stadtteilen von Tallinn, Riga und Vilnius prägt diese aufgeschlossene Generation schon jetzt das Straßenbild und lässt den Begriff der »ehemaligen Sowjetrepubliken« in Vergessenheit geraten.

Hauptstädte Tallinn, Riga, Vilnius

Sprachen Estnisch, Lettisch, Litauisch

Währung Euro

Staatsform Parlamentarische Republiken

Fläche Gemeinsam 175 120 km²

Einwohnerzahl 1,3 Mio. (Estland), 2 Mio. (Lettland), 2,85 Mio. (Litauen)

Tourismus Rund 5 Mio. ausländische Besucher jährlich

Religion Estland und Lettland sind protestantisch geprägt, Litauen katholisch. Die Mehrheit der Esten und rund die Hälfte der Letten betrachtet sich heute aber als konfessionslos.

Zeitzone MEZ +1 Std.

- -

Estlands Exportschlager Skype

Berühmtester Este Arvo Pärt (geb. 1935) gilt als bedeutendster klassischer Komponist der Gegenwart.

Wichtigste lettische Vokabel Nach Meinung der Esten »saldējums«. Das Wort für das leckere lettische Speiseeis kennt im nördlichen Nachbarland fast jeder.

Bekannter Komiker aus Riga Heinz Erhardt

Litauens Nationalsport Basketball

Anzahl der Meeresinseln Lettland und Litauen 0, Estland über 2000

Das will ich erleben

Digital und naturverbunden, kosmopolitisch und volkstümlich, innovativ und gemächlich: Das Baltikum präsentiert sich seinen Besuchern in vielen Facetten. Die großen Zeugnisse der Vergangenheit wie Schlösser, Herrenhäuser und Burgen dürfen auf keiner Rundreise fehlen, aber auch für herrliche Naturerlebnisse sollte man keineswegs zu wenig Zeit einplanen. Wer Estland, Lettland und Litauen verstehen will, lässt sich auf das bunte Treiben in den Städten mit ihren Märkten, Einkaufszentren und Museen ebenso ein wie auf das Landleben, das wie aus einer anderen Zeit wirken kann.

Die besten Museen

Kleine Länder, große Kultur: Das Baltikum muss sich mit seinen modernen Museen nicht vor anderen Destinationen verstecken. Sie erwarten den Besucher in der Großstadt, aber auch einmal ganz unerwartet mitten in der Natur eines Nationalparks.

Perlen der Natur

Ob felsige Küste oder sanfte Hügellandschaft: Im dünn besiedelten Baltikum ist es nirgends weit bis in die ursprüngliche, ungebändigte Natur. »Verweile doch, du bist so schön«, will man so manch einem Moment in den Nationalparks von Estland bis Litauen zurufen.

Lokale Gaumenfreuden

Wer es beim Essen rustikal mag, ist im Baltikum genau richtig: Esten, Letten und Litauer kochen immer noch am liebsten mit den natürlichen Zutaten, die ihnen Meer, Flüsse, Wald und Felder seit Jahrtausenden schenken. Schleckermäuler dürfen sich in den Städten aber auch auf eine ausgeprägte Cafékultur freuen.

Märkte und Mitbringsel

Schmuck aus Bernstein lässt die Herzen vieler Frauen höherschlagen – auf der Kurischen Nehrung kann man ihn in vielen Formen kaufen. Wer dagegen günstig einkaufen und Lokalflair erleben möchte, lässt sich in Riga durch die Markthallen treiben.

Mächtige Burgen

Das Baltikum war nicht nur im 20. Jahrhundert umkämpft. Steinerne Zeugnisse mittelalterlicher Machtkämpfe sind noch heute die zahlreichen erhaltenen Burgen mit ihren Wallanlagen, dicken Mauern und hohen Türmen.

Bezaubernde Kleinstädte

Auch wenn Tallinn, Riga und Vilnius mehr als ein Drittel der Bevölkerung der baltischen Staaten auf sich vereinen: Am unverfälschtesten lassen sich die Länder noch immer in den sehr lebendigen und pittoresken Städtchen jenseits der Touristenströme kennenlernen.

Ergreifende Kirchen

Vilnius, Riga oder Tallinn – die baltischen Hauptstädte sind ohne ihre Kirchtürme kaum denkbar. Protestantismus, Katholizismus und Orthodoxie haben die Region geprägt, Gotik, Barock und Renaissance ihre Spuren hinterlassen.

Sowjetische Vergangenheit

Ein nationales Trauma: Esten, Letten und Litauer legen großen Wert auf die Feststellung, nie freiwillig der Sowjetunion angehört zu haben. Über vier Jahrzehnte haben dennoch Spuren hinterlassen.

Schmelztiegel der Kulturen

Dass Russen, Deutsche, Polen, Schweden, Dänen und Juden ihre Spuren im Baltikum hinterlassen haben, ist bekannt. Doch auch für viele kleinere Völker oder Glaubensgruppen war der Landstrich an der Ostsee über die Jahrhunderte Heimat oder Zuflucht.

Grandiose Schlösser

Die Schlösser des Baltikums müssen sich in ihrer opulenten Pracht vor Petersburg, Potsdam oder Paris nicht verstecken. Kein Wunder, denn schließlich wurden auch sie von den international renommiertesten Baumeistern ihrer Zeit errichtet.

Traumhafte Strände

Manch einer sucht am Strand Ruhe und Erholung, andere mögen nach dem Baden Party und Spaß. Das muss nicht zu Konflikten führen, denn das Baltikum hat mit Tausenden Küstenkilometern für jeden Urlauber das Passende im Angebot.

Unterwegs

Drei Länder, drei pulsierende Hauptstädte, aber auch jede Menge Natur, Kultur und Geschichte: Das Baltikum präsentiert sich facettenreich und bietet immer wieder neue Entdeckungen

Estland

Von der mittelalterlichen Altstadt Tallinns über das jugendliche Tartu bis zu den estnischen Inselwelten

Der nördlichste der drei baltischen Staaten ist der kleinste, aber auch spürbar der innovativste, dynamischste und wirtschaftlich erfolgreichste. In Tallinn arbeiten IT-Spezialisten nahe von mittelalterlichen Gemäuern, leben junge Hipster in alten, renovierten Holzhäusern. Riga ist weiter entfernt als die mit einer Fährverbindung erreichbare finnische Hauptstadt Helsinki – manche sprechen bereits von der Doppelstadt »Talsinki«. Zweites Zentrum des Landes und Gegengewicht zu Tallinn ist die Studentenstadt Tartu. Die drittgrößte Stadt Narva im Nordosten ist russisch geprägt. Der Badeort Pärnu trägt den Titel »Sommerhauptstadt«. Zwischen den Städten wartet viel unberührte Natur darauf, entdeckt zu werden, laden restaurierte deutschbaltische Herrenhäuser zur Besichtigung ein. Eine eigene Welt stellen die Inseln im Westen des Landes dar, deren größte, Saaremaa, die Fläche des Saarlands übertrumpft.

In diesem Kapitel:

ADAC Top Tipps:

1 **Rathausplatz, Tallinn**
| Platz |

Fast irreal schön: Wäre nicht das lebendige Treiben von Besuchern aus aller Welt, könnte man sich hier im Herzen Tallinns tatsächlich im Mittelalter wähnen. 20

2 **Palmse**
| Gutshof |

Wunderschön restauriertes deutschbaltisches Herrenhaus, umgeben von einem Park, der zu ausgedehnten Spaziergängen einlädt. 30

Tallinn

Die alte Hansestadt ist im Internetzeitalter angekommen

Tallinns Domberg mit Alexander-Newski-Kathedrale (links) und Domkirche (rechts)

ℹ️ Information

■ Turismiinfokeskus, Niguliste 2, 10146 Tallinn, Tel. 645 77 77, www.visittallinn.ee, Juni–Aug. Mo–Sa 9–19, So 9–18 Uhr, sonst kürzer
■ Parken: siehe S. 24

Tallinn (dt. Reval) liegt am Finnischen Meerbusen und ist mit knapp 450 000 Einwohnern das ökonomische und politische Zentrum Estlands – jeder dritte Einwohner des Landes lebt in der Hauptstadt. Der Gründungskern Tallinns liegt auf dem 50 m hohen Kalkberg, dem heutigen Domberg, der den jeweiligen Landesherren als Re-

gierungssitz und natürlicher Kontrollposten über die Ostsee diente. 1219 ließ der dänische König Waldemar II. eine Festung errichten und gründete damit Tallinn.

Unterhalb der Burg ließen sich, nachdem die Stadt 1227 von den deutschen Schwertbrüdern eingenommen worden war, neben dänischen und schwedischen Siedlern auch 200 deutsche Kaufleute nieder. Dank der Lage an der Ostsee entwickelte sich Tallinn schnell zu einer florierenden Hafen- und Handelsstadt. Zu den wichtigsten Waren zählten Bernstein und Salz sowie Pelze, Wachs, Flachsgarn, Teer und Honig. Der wirtschaftliche Erfolg führte zum

Plan
S. 21

dem Boden gestampft wurden und heute zu den sozialen Brennpunkten der Stadt zählen. Dem wirtschaftlichen Aufschwung nach der wiedererlangten Unabhängigkeit verdankt Tallinn hingegen einige glitzernde Hochhausfassaden. Heute präsentiert sich Tallinn als moderne Ostsee-Metropole mit neu belebten Fabrikgeländen wie im Künstlerviertel Kalamaja.

Die Unterstadt (All-linn)

In kopfsteingepflasterten Gassen lässt es sich fast ohne Autoverkehr flanieren

In der Unterstadt, wo einst die durch Handel zu Reichtum gekommene Bürgerschaft lebte, schlägt bis heute das mittelalterliche Herz Tallinns. Wer Zeit mitbringt, lässt sich einfach durch das Gassengewirr treiben und wird früher oder später wieder am zentralen Rathausplatz landen.

schnellen Ausbau der Stadt. Die Unterstadt erhielt 1248 das Stadtrecht nach Lübecker Vorbild mit Zollfreiheit, Gerichtshoheit und Münzrecht. Die in Gilden zusammengeschlossenen Kaufleute und Handwerker wählten einen Rat, der die Interessen der Bürger vertrat. Mit dem Beitritt zur Hanse 1280 erlebte Tallinn als Umschlagplatz von Waren aus Ost und West einen weiteren Aufschwung. Im 14. und 15. Jh. entstanden einige repräsentative Bauten, darunter das Rathaus.

In starkem Kontrast zur mittelalterlichen Alstadt stehen Plattenbausiedlungen, die zu sowjetischen Zeiten für Hunderttausende Arbeitskräfte aus

 Sehenswert

 Nikolaikirche

| Kirche |

Deutsche Kaufleute ließen die breit ausladende Nikolaikirche (Niguliste kirik) zu Ehren des Schutzheiligen der Seefahrer im 13. Jh. erbauen. In ihrem Inneren ist ein kostbares Gemäldefragment vom »Totentanz« (um 1463) des Lübecker Malers Bernt Notke (um 1435–1509) zu bewundern, das den Brand im Zweiten Weltkrieg überstand. Der Tod spielt Dudelsack, schiebt sich frech zwischen Papst, Kaiser, Kaiserin, Erzbischof und König – und erinnert daran, dass im Tod alle gleich sind. Heute ist hier das Museum für Kirchenkunst untergebracht.

■ Niguliste 3, www.nigulistemuuseum.ekm.ee, Mai–Sept. Di–So 10–17, Okt.–April Mi–So 10–17 Uhr, 6 €, erm. 5 €

❷ Rathausplatz
| Platz |

Das mittelalterliche Zentrum ist bis heute lebendiger Mittelpunkt

Das Zentrum der Unterstadt bildet der Rathausplatz (Raekoja plats), der sich im mittelalterlichen Gassengewirr mit erstaunlicher Weite öffnet. Spätgotische, spitzgiebelige, bunt gestrichene Bürgerhäuser umgeben den schönen Platz. Er bildet den Dreh- und Angelpunkt der Altstadt. Von einem der umliegenden Cafés und Restaurants lässt sich das lebendige Treiben beobachten. Dominiert wird der Platz vom Rathaus (Tallinna Raekoda), das sein heutiges Aussehen einem Umbau in den Jahren 1402–04 verdankt. Die kompakte, steil aufragende Architektur im Stil der Spätgotik ist einzigartig in Nordeuropa. An der Ostseite läuft die Fassade in einen schlanken, achteckigen Turm aus, den man über eine steile Treppe erklimmen kann, um die großartige Aussicht zu genießen. Auf der Turmspitze zeigt der »Alte Thomas« seit 1530 an, woher der Wind weht. Der Saal im Erdgeschoss des

ADAC Spartipp

Die **Tallinn Card** bietet Besuchern u. a. kostenlosen Eintritt in viele Museen und die kostenlose Nutzung des ÖPNV. Mithilfe eines Rechners auf der Seite www.visittallinn.ee kann man den Besuch planen und herausfinden, ob sich die Investition lohnt.

Rathauses diente früher als Markthalle. Im Obergeschoss waren die Räume des Stadtrats und der Bürgerversammlung untergebracht.

■ Rathaus, Raekoja plats 1, www.raekoda.tallinn.ee, Juli–Aug. Mo–Sa 10–16 Uhr, sonst auf Anfrage, 5 €, erm. 3 €; Turm Mai–Mitte Sept. tgl. 11–18 Uhr, 3 €, erm. 1 €

❸ Ratsapotheke
| Architektur |

An der nordöstlichen Ecke des Rathausplatzes findet man die 1422 erstmals urkundlich erwähnte und älteste noch betriebene Apotheke Europas, die Ratsapotheke (Raeapteek). Sie war ab 1581 über drei Jahrhunderte im Besitz der ungarischstämmigen Familie Burchart, deren Rezepturen über Estlands Grenzen hinaus berühmt waren. Bis heute braut man einen Gewürzwein, den »Klarett«, der heiß getrunken jede Erkältung verjagt.

■ Raekoja plats 11, www.raeapteek.ee, Mo–Sa 10–18 Uhr

❹ Katharinenpassage
| Gasse |

In der malerischen Katharinenpassage (Katariina käik) zwischen den Straßen Vene und Müürivahe haben Künstlerinnen und Kunsthandwerkerinnen ihre Werkstätten und Läden.

■ www.katariinagild.eu

❺ Dominikanerkloster
| Kloster |

Das 1246 gegründete Dominikanerkloster (Dominiiklaste klooster) zählt zu den ältesten Gebäudekomplexen Tallinns. Trotz Zerstörungen während der Reformation ist die typische Struktur der Dominikanerklöster zu erkennen. Das Refektorium und der nördliche Kreuzgang wurden allerdings 1844

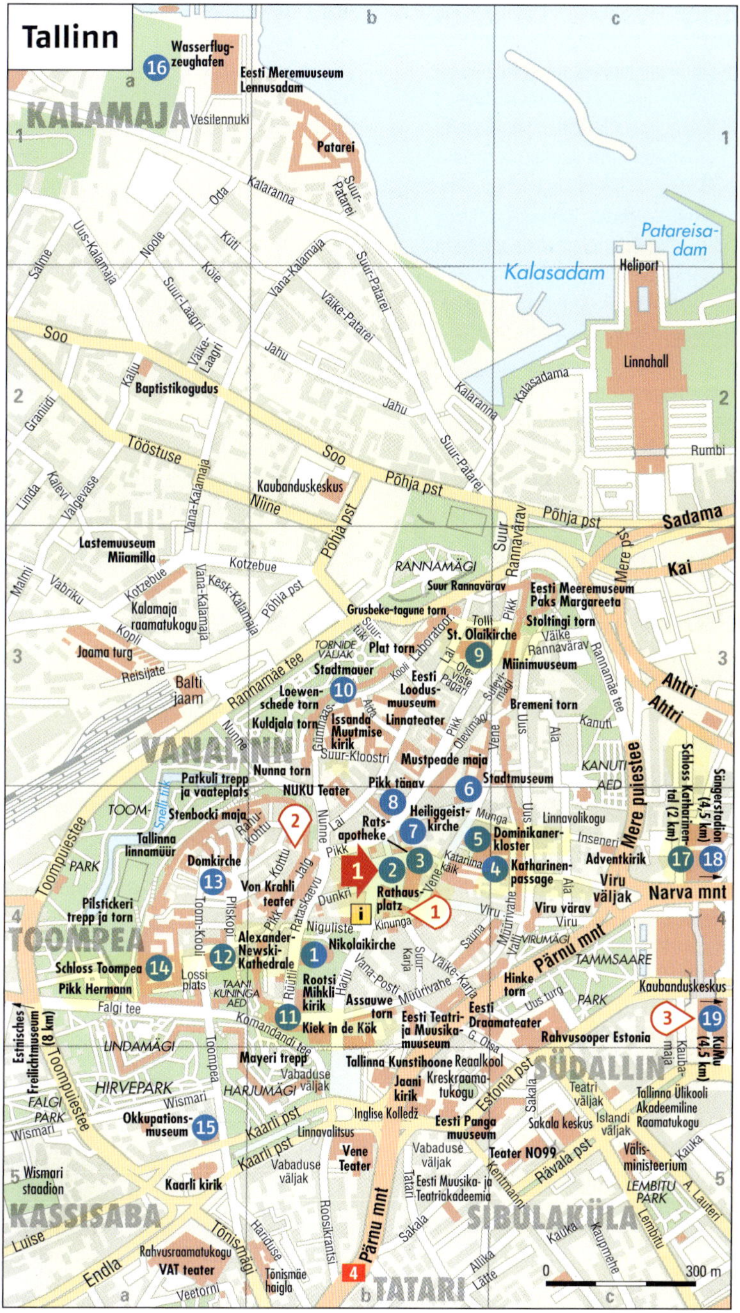
Tallinn
Wasserflug-
zeughafen
16
Eesti Meremuuseum
Lennusadam
KALAMAJA
Vesilennuki
Patarei
Kalaranna
Suur-Patarei
Patareisa-
dam
Kalasadam
Heliport
Linnahall
Kalasadama
Rumbi
Oda
Küti
Kõie
Noole
Uus-Kalamaja
Salme
Suur-Laagri
Väike-Laagri
Vana-Kalamaja
Väike-Patarei
Jahu
Soo
Kalju
Baptistikogudus
Graniidi
Tööstuse
Kaubanduskeskus
Niine
Põhja pst
Vana-Kalamaja
Linda
Kalevi
Valgevase
Sadama
Kai
Mere pst
Lastemuuseum
Miiamilla
Kotzebue
Kesk-Kalamaja
Malmi
Vabriku
Kalamaja
raamatukogu
Kopli
Jaama turg
Reisijate
Balti
jaam
RANNAMÄGI
Suur Rannavärav
Eesti Meremuuseum
Paks Margareeta
Stoltingi torn
Grusbeke-tagune torn
Tolli
St. Olaikirche
Suur Rannavärav
Pikk
Laboratooriumi
Plat torn
TORNIDE VÄLJAK
Stadtmauer
9
Väike-Rannavärav
Miinimuuseum
Rannamäe tee
Ahtri
Loewen-
schede torn
10
Eesti
Loodus-
muuseum
Bremeni torn
Kuldjala torn
Issanda
Muutmise
kirik
Linnateater
Kanuti
Uus
Aia
Vene
Olevimägi
VANALINN
Nunne
Gümnaasiumi
Suur-Kloostri
Mustpeade maja
KANUTI AED
Schloss Katharinental (2 km)
Sängerstadion (4,5 km)
Nunna torn
Pikk tänav
6
Stadtmuseum
Patkuli trepp
ja vaateplats
NUKU Teater
8
TOOM-
Snelli tiik
Stenbocki maja
2
Heiliggeist-
kirche
Munga
Linnavolikogu
Mere puiestee
Rats-
apotheke
7
5
Dominikaner-
kloster
Inseneri
Tallinna
linnamüür
Lai
Toompuiestee
PARK
Domkirche
13
Kohtu
Jalg
Pikk
1
2
3
4
Katharinen-
passage
Adventkirik
17
18
Von Krahli
teater
Dunkri
Rathaus-
platz
1
Viru
väljak
Narva mnt
Pilstickeri
trepp ja torn
Toom-Kooli
Piiskopi
Rataskaevu
Niguliste
Kinunga
Viru värav
Viru
TOOMPEA
Alexander-
Newski-
Kathedrale
12
Nikolaikirche
1
Müürivahe
Sauna
VIRUMÄGI
Pärnu mnt
TAMMSAARE
Schloss Toompea
14
Lossi
plats
TAANI KUNINGA AED
Rüütli
Rootsi
Mihkli
kirik
Harju
Vana-Posti
Suur-Karja
Väike-Karja
Hinke
torn
PARK
Kaubanduskeskus
Pikk Hermann
Falgi tee
Assauwe
torn
Eesti
Draamateater
Uus turg
Estnisches Freilichtmuseum (8 km)
11
Kiek in de Kök
Komandandi tee
Eesti Teatri-
ja Muusika-
muuseum
G. Otsa
Rahvusooper Estonia
3
19
KuMu (4,5 km)
LINDAMÄGI
Mayeri trepp
Tallinna Kunstihoone
Reaalkool
Estonia pst
SÜDALLINN
Kaubamaja
Toompuiestee
HIRVEPARK
Toompea
Vabaduse
väljak
Jaani
kirik
Kreskraama-
tukogu
Teatri
väljak
Tallinna Ülikooli
Akadeemiline
Raamatukogu
FALGI PARK
Wismari
HARJUMÄGI
Inglise Kolledž
Sakala
Okkupations-
museum
15
Kaarli pst
Linnavalitsus
Eesti Panga
muuseum
Sakala keskus
Islandi
väljak
Vene
Teater
Vabaduse
väljak
Teater NO99
Välis-
ministeerium
Kauka
Wismari
staadion
Kaarli kirik
Tatari
Eesti Muusika- ja
Teatriakadeemia
Kentmanni
Rävala pst
LEMBITU PARK
A. Lauteri
KASSISABA
SIBULAKÜLA
Lembitu
Luise
Tõnismägi
Hariduse
Roosikrantsi
Pärnu mnt
Sakala
Kauka
Kaupmehe
Rahvusraamatukogu
VAT teater
Tõnismäe
haigla
Allika
Lätte
Endla
Veetorni
4
TATARI
0
300 m

ADAC *Wussten Sie schon?*

Der **Dannebrog**, die rote Flagge Dänemarks mit ihrem weißen Kreuz, soll 1219 vom Himmel gefallen sein und das Glück für die Dänen in einer Schlacht gewendet haben. Ort der Schlacht war das heutige Tallinn, dessen estnischer Name zurückgeführt wird auf »Taani linn«, was nichts anderes bedeutet als »dänische Stadt«.

abgetragen und an ihrer Stelle die neogotische, dreischiffige Peter-und-Paul-Kirche erbaut.

■ Vene 16, www.kloostri.ee, derzeit nur für größere Gruppen zu besichtigen

6 Stadtmuseum
| Museum |

In einem gelben Patrizierhaus setzt das Stadtmuseum (Tallinna Linnamuuseum) die Stadtgeschichte seit dem 13. Jh. multimedial in Szene.

■ Vene 17, www.linnamuuseum.ee, März–Okt. Di–So 10.30–18, Nov.–Feb. Di–So 10.30–17.30 Uhr, 4 €, erm. 3 €

7 Heiliggeistkirche
| Kirche |

Die Heiliggeistkirche (Pühavaimu kirik) ist die kleinste mittelalterliche Kirche in Tallinn, für die Esten aber von großer Bedeutung: In ihr wurde nach der Reformation erstmals auf Estnisch gepredigt, im 16. Jh. wirkte hier der erste livländische Chronist Balthasar Russow als Pastor. Die Kirche ist die einzige in Tallinn, deren Architektur seit dem 14. Jh. unverändert blieb. Der Innenraum ist mit Werken gotischer Holzschnitzkunst prächtig ausgestattet.

■ Pühavaimu 2, Mo–Sa 9–18, So nur außerhalb Gottesdienstzeiten (11, 13 Uhr)

8 Pikk tänav
| Straße |

Frühere Handelskontore und Gildehäuser prägen bis heute das Straßenbild in der Pikk tänav, dem einstigen zentralen Verbindungsweg von der Altstadt zum Hafen. Im stattlichen Haus der Großen Gilde (Pikk 17) gibt das Estnische Historische Museum (Ajaloomuuseum) erhellende Einblicke in die Landesgeschichte. Das Haus der Schwarzhäupter (Mustpeade maja, Pikk 26, Besichtigung nur nach Anmeldung, www.mustpeademaja.ee) war das Zentrum der unverheirateten Tallinner Kaufleute. Deren Selbstbewusstsein spiegelt die reich verzierte Renaissancefassade von 1597 wider.

Das Häuserensemble »Drei Schwestern« (Kolm öde, Pikk 71), das seit dem 15. Jh. als Handelskontor genutzt wurde und heute als Hotel dient, besticht durch schlanke Fassaden.

Am Ende der Pikk tänav steht der als »Dicke Margarethe« (Paks Margareeta) bekannte Wehrturm. Mit einem Durchmesser von 24 m und einer Mauerstärke von 4,7 m diente er im frühen 16. Jh. nicht nur der Verteidigung, sondern sollte auch jene beeindrucken, die sich Tallinn vom Meer aus näherten.

■ Ajaloomuuseum, Pikk 17, www.ajaloomuuseum.ee, Mai–Sept. tgl. 10–18, sonst Do–Di 10–18 Uhr, 6 €, erm. 3 €

Gefällt Ihnen das?

Wenn Ihnen das Tallinner Gebäudeensemble der Drei Schwestern gefällt, dann besuchen Sie die nicht minder ansehnlichen **Drei Brüder** in Riga (S. 60), die in Anlehnung daran ihren Namen erhielten und ungefähr aus demselben Zeitraum stammen.

Ein Teil der beeindruckenden Stadtmauer aus dem Mittelalter ist bis heute erhalten

9 St. Olaikirche

| Kirche |

Die St. Olaikirche (Oleviste kirik) geht auf einen Bau von 1267 zurück und wurde im 15. Jh. zur dreischiffigen Basilika erweitert. Der hl. Olav galt in Nordeuropa wie der hl. Nikolaus als Schutzpatron der Seefahrer. Als der Turm 1500 fertiggestellt war, ragte er 159 m in den Himmel – damals einsame Spitze in Europa und bis ins 19. Jh. das höchste Bauwerk Tallinns. Er hatte als Landmarke praktischen Nutzen für die Navigation, symbolisierte darüber hinaus aber Ruhm und Macht der mittelalterlichen Hansestadt, die ihr goldenes Zeitalter zwischen dem 14. und 16. Jh. erlebte. Nach einem Brand 1820 wurde der Turm 35 m niedriger wieder aufgebaut, bietet aber immer noch einen herrlichen Ausblick.

■ Lai 50, Juli, Aug. tgl. 10–20, Sept.–Juni tgl. 10–18 Uhr, Turm 3 €, erm. 2 €

10 Stadtmauer

| Architektur |

Tallinns Stadtmauer (Linnamüür) ist eine der imposantesten Anlagen im Norden Europas. Einen guten Überblick über die mittelalterliche Befestigung vermittelt das zugängliche Teilstück mit Nunna-, Sauna- und Kuldjala-Turm nördlich vom Domberg. 1265 ließ die dänische Königin Margarethe den vorhandenen Erdwall mit hölzernen Türmen durch eine steinerne Befestigungsanlage ersetzen, bis 1355 zogen sich die Bauarbeiten hin. Der Verteidigungsring umgab mit zunächst 14 Türmen und 4 km Länge die ganze Unterstadt. Im 15. Jh. wurde die Mauer von 6 m auf 16 m und die Zahl der Türme auf 46 erhöht. Heute stehen noch etwa 2 km der Stadtmauer und 26 Türme.

■ Gümnaasiumi 3, Juni–Aug. tgl. 11–19, April–Mai, Sept.–Okt. Fr–Mi 11–17, Nov.–März Fr–Di 11–16 Uhr, 2 €, erm. 1 €

ADAC *Mobil*

Anders als die Einwohner Tallinns müssen Gäste für die Nutzung des ÖPNV zahlen. Einfache Fahrkarten, die beim Fahrer erworben werden können, sind mit 2 € verhältnismäßig teuer. Halb so viel kosten Fahrten mit der elektronischen »Ühiskaart«, die in den meisten Kiosken gekauft werden kann (2 € Pfand).

P Parken

Ein Großteil der Altstadt ist für den Autoverkehr gesperrt. Dort, wo Parken erlaubt ist, kostet es mit 6 € pro Std. bis zu viermal so viel wie im einige Hundert Meter entfernten Zentrum. Einen Überblick über alle Parkplätze inkl. Buchungsmöglichkeit bietet die Webseite www.parkimine.ee.

Restaurants

€€ | **Kuldse Notsu Kõrts** Rustikales Restaurant, v.a. estnische Gerichte. ■ Dunkri 8, Tel. 628 65 67, www.hotelstpetersbourg.com, Plan S. 21 b4

€€€ | **MEKK** Moderne estnische Küche auf hohem Niveau. ■ Suur-Karja 17/19, Tel. 680 66 88, www.mekk.ee, So geschl., Plan S. 21 b4

 €€€ | **Olde Hansa** Das urige Lokal serviert Elch- und Wildschweinbraten wie im Mittelalter. Wie das Essen ist auch das Haus aus dem 15. Jh. mit seinen drei Etagen ein Erlebnis. ■ Vana turg 1, Tel. 627 90 20, www.oldehansa.ee, tgl., Plan S. 21 b4

Cafés

Maiasmokk Tallinns ältestes Café, das übersetzt »Leckermaul« heißt, ist eine Institution für alle, die es zuckersüß mögen. Vielleicht etwas mit Marzipan? Das wurde nämlich angeblich in Tallinn erfunden! ■ Pikk 16, Tel. 646 40 79, www.kohvikmaiasmokk.ee, Plan S. 21 b4

Einkaufen

Katharinenpassage Die Kunsthandwerksläden in malerischer Umgebung laden zum Bummeln ein. ■ www.katariinagild.eu, Plan S. 21 c4

Der Domberg (Toompea)

 Parlament und Kathedrale hoch über der Altstadt

Der Weg in die Oberstadt führt durch das älteste, in seiner Form von 1380 erhaltene Stadttor im Torturm (Pikka jala torn) und die steile Pikk jalg zwischen den Mauern der Ober- und Unterstadt zum Schlossplatz hinauf. Die Zweiteilung Tallinns in eine Ober- und Unterstadt gibt die gesellschaftlichen Zustände im Mittelalter wieder: Landesherren, Adel und Geistlichkeit residierten auf dem Berg, unten lebte die vornehmlich aus Kaufleuten und Handwerkern bestehende Bürgerschaft. Heute hat man von hier oben den besten Blick auf Tallinns Altstadt.

Sehenswert

11 Kiek in de Kök
| Museum |

Im alten Kanonenturm Kiek in de Kök dokumentiert ein Museum Tallinns Militärgeschichte. Der knapp 50 m hohe Turm am Hang des Dombergs wurde 1475 errichtet. Aus dem Plattdeutschen übersetzt heißt er »Guck in die Küche«, denn die wachhabenden Soldaten hatten von oben die Küchen der

Häuser in der Unterstadt im Blick. Sie kontrollierten z. B., ob die Feuer der Kochstellen bei Einbruch der Dunkelheit vorschriftsmäßig gelöscht wurden.

■ Komandandi tee 2, www.linna muuseum.ee, Di–So 10–17.30 Uhr, 6 €, erm. 4 €

⑫ Alexander-Newski-Kathedrale
| Kirche |

Größter Blickfang am Schlossplatz ist die 1894 errichtete Alexander-Newski-Kathedrale. Die mächtige Fünf-Kuppel-Architektur wirkt wie ein Tusch für Russland – im Sinne des Auftraggebers Zar Nikolaj II. Die auf altrussisch getrimmte Kathedrale ist mit Mosaiken verziert und macht im Innern einen festlichen Eindruck.

■ Lossi plats 10, Mai–Sept. So–Fr 8–19, Sa bis 20 Uhr

⑬ Domkirche
| Kirche |

Folgt man vom Schlossplatz der Straße Toom-Kooli hügelaufwärts, kommt man zur großen, weiß getünchten Domkirche St. Marien (Toomkirik). Bereits für das Jahr 1219 ist an dieser Stelle eine kleine Holzkirche belegt. Dänische Dominikaner errichteten wenig später die erste Steinkirche. Die heutige gotische Basilika datiert im Wesentlichen aus der Mitte des 15. Jh. Die Wände zieren Wappen deutschbaltischer Adelshäuser, die Grabmäler lebensgroße Figuren der Verstorbenen.

■ Toom-Kooli 6, www.toomkirik.ee, Juni–Aug. tgl. 9–18, Mai, Sept. tgl. 9–17, Okt. Di–So 10–17, Nov.–April Di–So 10–16 Uhr, Orgelkonzerte Sa 12 Uhr

⑭ Schloss Toompea
| Historisches Gebäude |

Das Schloss (Toompea loss) ist heute Sitz von Estlands Parlament und Regierung. In der ersten Hälfte des 13. Jh. standen hier zwei Festungen, die der Livländische Orden im 14. Jh. durch eine Burg ersetzen ließ, von der noch West- und Nordmauer sowie drei Türme erhalten sind, darunter der

Im ehemaligen Kanonenturm präsentiert ein Museum die Militärgeschichte Tallinns

25

46 m hohe und wegen seines Kerkers gefürchtete Pikk Herrmann, der »Lange Hermann«. Der Rest der mittelalterlichen Anlage wurde Mitte des 18. Jh. abgerissen. An ihrer Stelle entstand im Auftrag der russischen Zarin Katharina II. der heutige verspielte Barockbau.

■ Lossi plats 1 a, Tel. 631 63 57, www.riigi kogu.ee, engl. Führung Fr 11 Uhr, Einlass nur mit Ausweis

15 Okkupationsmuseum
| Museum |

Am Fuß des Dombergs dokumentiert das Okkupationsmuseum (Okupatsioonide muuseum) Estlands Geschichte unter sowjetischer und deutscher Besatzung. Die modern präsentierte Sammlung in dem fünfeckigen Bau umfasst Briefe, Filme und Erinnerungsstücke aus Alltagsleben und Lagerhaft.

■ Toompea 8, www.okupatsioon.ee, Di–So 11–18 Uhr, 6,50 €, erm. 4 €

Kalamaja

Unterwegs in Tallinns hipstem und kreativstem Viertel

Der Stadtteil Kalamaja nördlich der Altstadt ist mit seinen mehrstöckigen Holzhäusern bei Künstlern besonders beliebt. Hier hat sich in den vergangenen Jahren eine bunte Mischung aus Kultur und Gastronomie angesiedelt und alten Fabrikhallen und Gebäuden neues Leben eingehaucht.

ADAC *Mittendrin*

Die Restaurants in der Altstadt haben sich längst auf Touristen eingestellt – nicht zuletzt bei den Preisen. In **Kalamaja** dagegen gehen auch junge Esten gerne aus.

 Sehenswert

16 Wasserflugzeughafen
| Museum |

Der alte Wasserflugzeughafen (Lennusadam) mit sorgsam modernisierten hohen Hangarhallen fungiert seit 2012 als Schiffsmuseum.

■ Küti 17, www.lennusadam.eu, Mai– Sept. tgl. 10–19, sonst Di–So 10–18 Uhr, 14 €, erm. 7 €

 Restaurants

€ | **Konteiner** Vietnamesisches Schnellrestaurant in, wie der Name verrät, alten Schiffscontainern. ■ Telliskivi 62, Tel. 54 00 46 22, Plan S. 21 a3

 Einkaufen

Telliskivi loomelinnnak Im Kreativzentrum Telliskivi sind kleine Läden auf eine junge, hippe Kundschaft ausgerichtet. ■ Telliskivi 60a, www.telliskivi. eu, Plan S. 21 a3

 Kinder

Energia avastuskeskus In einem ehemaligen Kraftwerk können Kinder spielerisch das Thema Energie erkunden. ■ Pöhja pst 29, www.energiakeskus. ee, Mo–Fr 10–19, Sa, So 11–19 Uhr, 9 €, erm. 7 €, Plan S. 21 c2

Außerhalb des Zentrums

Zarenschloss, Sängerstadion und Freilichtmuseum

Etwa 2 km nordöstlich der mittelalterlichen Beschaulichkeit Tallinns erstreckt sich Kadriorg (Katharinental). Das elegante Stadtviertel ist eng mit der russischen Geschichte Tallinns verknüpft.

Im Blickpunkt

Sängerfest – Die singende Revolution

Die besten Revolutionen sind die, bei denen kein Blut vergossen wird. Als 1988 Hunderttausende Esten im Sängerstadion zusammenkamen und die alten Lieder von der estnischen Nation und der Freiheit sangen, horchten die sowjetischen Machthaber auf – aber da war ihnen das Land längst entglitten. »Mein Vaterland ist meine Liebe« (Mu isamaa on minu arm) – dieser Liedtext sollte endlich Wirklichkeit werden. Und die Esten wissen, wie viel Kraft in der Musik steckt. Das erste Sängerfest fand 1869 in Tartu statt und hatte 845 Mitwirkende. Seither blieb keine estnische Großtat unbesungen.

Wenn sich alle fünf Jahre (nächstes Mal 2019) beim großen Sängerfest fast 30 000 Sänger und Sängerinnen auf der Bühne versammeln, ist der Klang überwältigend. Nur die besten Chöre dürfen mitmachen und alle müssen die Lieder auf Estnisch vortragen. Die Sängerfeste, wie das estnische Theater aus dem Geist des Widerstands geboren, sind Teil der nationalen Selbstfindung. Jahrhundertelang unterdrückt, blieb den Esten nur ein Lied von der Freiheit.

17 **Schloss Katharinental**
| Schloss |

Peter der Große liebte weit ausholende Gesten in der Architektur, verschachtelte Stadtkerne waren ihm verhasst. 1718 ließ er für seine Gemahlin Katharina I. das Schloss Katharinental (Kadrioru loss) bauen. Als Architekt verpflichtete er den Italiener Niccolo Michetti (1675–1759). Ferner war Gaetano Chiaveri (1689–1770), der Erbauer der Dresdener Hofkirche, beteiligt. Im Schloss ist das Kunstmuseum Kadriorg mit Werken europäischer und russischer Künstler vom 16.–19. Jh. untergebracht. Der barocke Schlosspark verwilderte im Laufe der Jahrhunderte, doch es ist ein Vergnügen, zwischen den alten Bäumen und symmetrisch angelegten Teichen umherzulaufen.

 Kadrioru Kunstimuuseum, Weizenbergi 37, Tel. 606 64 00, www.kadrioru muuseum.ekm.ee, Mai–Sept. Di, Do–So 10–18, Mi 10–20, Okt.–April Mi 10–20, Do–So 10–17 Uhr, 8 €, erm. 6 €

18 **Sängerstadion**
| Architektur |

Auf dem Weg von Kadriorg nach Pirita passiert man das legendäre Sängerstadion (Tallinna lauluväljak). Hier findet alle fünf Jahre das große estnische Sängerfest statt. Die 1960 in Form einer riesigen Muschel entstandene Bühne wurde als ein Musterbeispiel des sowjetischen Modernismus unter Chruschtschow gerühmt.

 Narva maantee 95, www.lauluvaljak.ee

19 **KuMu**
| Kunstmuseum |

 Estnische Kunst in elegantem und modernem Gebäude

Zwischen Bäumen und alten Holzhäusern ragt das Estnische Kunstmuseum KuMu auf. Der finnische Architekt Pekka Vapaavuori (*1962) entwarf einen Bau aus Beton, Glas und Kupferblech von herber Eleganz. Innen umschließen fünf Etagen einen hohen Lichthof. Die Dauerausstellung präsentiert est-

Estnische Kunst aus drei Jahrhunderten zeigt das moderne KuMu

nische Kunst vom frühen 18. Jh. bis in die 1980er-Jahre, die sich vor dem Zweiten Weltkrieg stark an Westeuropa orientierte, danach aber dem Sozialistischen Realismus der Sowjets verpflichtet war. Die Kunst nach 1991 ist in Wechselausstellungen vertreten. Das Museum bietet zudem Platz für Shop, Restaurant und Café.

■ Weizenbergi 34/Valge 1, Tel. 602 60 00, www.ekm.ee, April–Sept. Di, Do–So 11–18, Mi 11–20, Okt.–März Do–So 11–18, Mi 11–20 Uhr, 8 €, erm. 6 €

Einkaufen

Rahva raamat Der Besuch eines estnischen Buchladens lohnt, um einen Eindruck von der Literaturversessenheit der Esten zu bekommen. Die Filiale der Kette Rahva raamat im Einkaufszentrum Viru keskus wurde auf der Londoner Buchmesse 2016 unter die vier besten Buchhandlungen der Welt gewählt. ■ Viru väljak 4/6, www.rahva raamat.ee, Plan S. 21 c4

🚗 In der Umgebung

Estnisches Freilichtmuseum
| Museum |

Das auf der Halbinsel Kakumäe im Westen von Tallinn gelegene Estnische Freilichtmuseum (Eesti Vabaõhumuuseum) bei Rocca al Mare ist ein beliebtes Ausflugsziel. Auf einem 79 ha großen Waldstück direkt am Meer vermitteln Fischerkaten, Bauernhäuser, Wind- und Wassermühlen sowie eine der ältesten estnischen Holzkirchen einen lebendigen Eindruck von der früheren Lebensweise der Esten.

■ Vabaõhumuuseumi tee 12, www.evm. ee, Mai–Sept. Park tgl. 10–20, Häuser tgl. 10–18, Okt.–April Park und Häuser tgl. 10–17 Uhr, 9 €, erm. 6 €

2 Lahemaa– Nationalpark

Das Land der Eiszeit ist arm an Menschen, aber reich an Natur

 Information

■ Besucherzentrum auf dem Gelände des Gutshofs Palmse, 45435 Palmse küla, Tel. 329 55 55, tgl. 9–17 Uhr, Mitte Sept.– Mitte Mai nur Mo–Fr

Der Lahemaa-Nationalpark (Lahemaa rahvuspark), ein 725 km² großes Gebiet am Finnischen Meerbusen, steht seit 1971 unter Naturschutz. In sowjetischen Zeiten durfte man Lahemaa nur mit einer Sondergenehmigung betreten, sodass sich hier heute vom Aussterben bedrohte Tierarten wie Nerze, Luchse und Bären tummeln. Wanderer dürfen aber beruhigt durch die feuchten Wälder streifen, denn die wilden Tiere meiden den Kontakt zu Menschen. Optimale Bedingungen finden auch Seeadler, Schwarzstörche und Kraniche vor – insgesamt kann man etwa 200 Vogelarten beobachten. Teile des Nationalparks sind nach wie vor nicht öffentlich zugänglich, um Flora und Fauna einen ungestörten Lebensraum zu erhalten. Das Land ist durch die vielen Buchten stark zerklüftet und aus dem flachen Wasser ragen Steine und Findlinge, die gewaltige Gletscher in der Eiszeit herangetragen haben.

 Sehenswert

Altja
| Küstendorf |
Altja ist ein typisches estnisches Küstendorf. Seit 400 Jahren trotzen die Holzkaten Wind und Wetter. Die meisten Häuser sind längst verlassen, denn das karge, einsame Leben entspricht nicht mehr den Vorstellungen der jungen Esten. Doch Altja ist kein Freilichtmuseum, sondern Alltag für die 20 Einwohner, die geblieben sind. Am Strand liegt ein großartiges Findlingsfeld. Die Findlinge tragen fantasievolle Namen und um jeden rankt sich eine eigene Geschichte.

Kunstmuseum Viinistu
| Museum |
Dem verschlafenen Küstendorf Viinistu schenkte der hier geborene Geschäftsmann und ehemalige estnische Außenminister Jaan Manitski ein modernes Museum in einer alten, umgebauten Fabrik für Fischkonserven. Die Sammlung estnischer Kunst ist ebenso beeindruckend wie es die Blicke aus dem Gebäude aufs Meer sind. Ans Museum angeschlossen sind Restaurant und Hotel.
■ Viinistu, www.viinistu.ee, tgl. 11– 18 Uhr, 4 €, erm. 2 €

ADAC *Mittendrin*

4 Eines der malerischsten Küstendörfer im Nationalpark Lahemaa ist **Käsmu**, einst für seine vielen Kapitäne bekannt. Hier gibt es viele private Pensionen und Ferienhäuser, in denen auch die Esten gerne ein verlängertes Wochenende verbringen. Ein echtes Original ist Aarne Vaik, der ein kleines privates Meeresmuseum in einem Grenzschutzgebäude aus der Zarenzeit betreibt. Bei guter Laune bewirtet er seine Gäste am Strand schon einmal spontan mit selbst gegrilltem Fisch.

Restaurants

€€ | Altja kõrts In einem alten, reetgedeckten Holzhaus kommt authentische estnische Hausmannskost auf den Tisch. ■ Altja, Tel. 53 41 85 13, www.palmse.ee/en/restaurant/altja-tavern

Sport

Reiterhof Kuusekännu Der sympathische Hof bietet Reitunterricht für Anfänger und organisiert kleine Ausritte in die Umgebung; erfahrene Reiter können bei mehrtägigen Touren den Lahemaa-Nationalpark durchstreifen. ■ Loobu küla, Kadrina Vald, Tel. 325 29 42, www.kuusekannuratsatalu.ee

Wandern

Viru raba Im Nationalpark gibt es viele markierte Wanderwege, besonders schön ist der 3,5 km lange Lehrpfad durch das Hochmoor Viru raba, ein vor etwa 5000 Jahren verlandeter See. ■ Auf der E 20 aus Tallinn kommend bei Km 52 links abbiegen (Schild »Võsu 25, Loksa 15«). Nach 1 km weist am Parkplatz rechts ein Schild zum Wanderweg

3 Palmse

 Deutschbaltischer Gutshof inmitten herrschaftlicher Parkanlagen

Zu den schönsten estnischen Gutsanlagen gehört Palmse, das bis 1923 im Besitz der deutschbaltischen Adelsfamilie von der Pahlen war. Die neoklassizistische Architektur zeigt deutsche und russische Einflüsse und geht im Wesentlichen auf das ausgehende 19. Jh. zurück. Das restaurierte Herrenhaus ist heute Sitz der Verwaltung des Lahemaa-Nationalparks, einige der eleganten Säle sind aber zu besichtigen und geben einen Einblick in das hochherrschaftliche Leben der Deutschbalten, die über Jahrhunderte tonangebend in der estnischen Gesellschaft waren. Allein durch den idyllischen Landschaftsgarten verlaufen über 38 km markierte Wege. ■ Palmse mõis, Palmse, Tel. 55 59 99 97, www.palmse.ee, tgl. 10–18 Uhr, 9 €, erm. 7 €

4 Rakvere

Die Ordensburg kündet von der einstigen Bedeutung der Stadt

i Information

■ Rakvere Turismiinfokeskus, Lai 20, 44308 Rakvere, Tel. 324 27 34, Mo–Do 8–17, Fr 8–16 Uhr

Das Städtchen Rakvere (Wesenberg) mit seinen 16 000 Einwohnern liegt an der alten Handelsstraße zwischen Tallinn und Nowgorod und nahm daher früher eine wichtige strategische Position ein. Im 13. Jh. errichteten die Dänen ein kleines Kastell auf dem Vallimägi-Hügel, das der Deutsche Orden im 14. Jh. zu einer imposanten Ordensburg ausbauen ließ. Die wechselvolle Geschichte der Burg spiegelt die der Region Virumaa wider. 1558 eroberten die Russen im Livländischen Krieg die Burg, später geriet sie in schwedischen Besitz und unter polnische Herrschaft. Nachdem sich die Russen Nordostestlands bemächtigt hatten, verfiel die Festung und diente fortan als Steinbruch – mittlerweile ist sie rekonstruiert. Zu Füßen der Burg liegt die Altstadt mit ihren hübschen Holzhäusern.

Inmitten idyllischer Landschaft liegt das Gutshaus Palmse aus dem späten 19. Jh.

⬤ Sehenswert

Ordensburg Rakvere
| Burg |
Die Ausstellungen im Innern der Burg (Rakvere linnus) versuchen den Besuchern das Leben im Mittelalter näherzubringen. Im Burgrestaurant werden in stilgerechtem Ambiente mittelalterliche Speisen serviert.
■ www.rakverelinnus.ee, Juni–Aug. tgl. 10–19, Mai, Sept. tgl. 10–16, März, April, Okt. Mi–So 9–16 Uhr, Wintermonate nur Gruppen mit Voranmeldung, 9 €, erm. 7 €

Trinitatiskirche
| Kirche |
Einen Akzent in der Altstadt setzt die Trinitatiskirche (Rakvere kolmainu kirik) von 1427, ein dreischiffiger Bau mit schöner Barockkanzel im Inneren.
■ Pikk 19

5 Sillamäe

Am Meer gelegenes Freilichtmuseum der stalinistischen Architektur

Die Kleinstadt Sillamäe (rund 13 000 Einwohner) ist ein beeindruckendes Zeugnis stalinistischer Architektur. Dort, wo bis zum Zweiten Weltkrieg nur ein Dorf lag, errichteten die sowjetischen Machthaber nach Kriegsende eine von der Außenwelt streng abgeschirmte Musterstadt für die Arbeiter eines urananreichernden Werkes. Den Einwohnern fehlte es an nichts, im Sommer säumten sogar Palmen die Treppe herunter zum Meer (die dann in Gewächshäusern überwinterten). Das Rathaus erhielt unter Diktator Stalin einen Turm, der dem einer protestantischen Kirche zum Verwechseln ähnlich sieht – man wollte schließlich eine schöne Ostseestadt bauen. Nach dem Ende der Sowjetunion hat die Stadt mehr als ein Drittel ihrer Einwohner verloren, auf den Straßen ist es gespenstisch ruhig. Im Kulturhaus wird in einem kleinen Museum die sowjetische Vergangenheit erlebbar (Kesk tänav 24, Mo–Fr 8–16 Uhr).

 In der Umgebung

Glintküste
| Küstenlandschaft |
Bei Kohtla-Järve, das vom Ölschieferabbau in der Gegend lebt, beginnt ein besonders reizvoller Küstenabschnitt mit spektakulären Ausblicken. Die steile Glintküste fällt bis zu 50 m zum Meer hin ab. Bei Valaste rauscht ein herrlicher Wasserfall 20 m in die Tiefe. Die von Meeresbrandung und gellenden Möwenschreien erfüllte Luft entspricht allen Vorstellungen von wilder nordischer Natur.

6 Narva

Über die EU-Außengrenze zu Russland wacht eine faszinierende Festung

 Information

■ Külastuskeskus, Peetri 3, 20308 Narva, Tel. 359 91 37, http://tourism.narva.ee, tgl. 10–16, im Sommer bis 17.30 Uhr

Die drittgrößte Stadt Estlands galt einst als eine der schönsten Barockstädte im Ostseeraum. Doch der Zweite Weltkrieg zerstörte 98 Prozent der alten Bausubstanz, der sowjetische Wiederaufbau stand unter stalinistisch-historisierenden und später breschnjew-quadratisch-praktischen Vorzeichen. Hier, im äußersten Osten der EU, ist die sowjetische Vergangenheit noch deutlich zu spüren: Die große Mehrheit von Narvas 57 000 Einwohnern spricht Russisch als Muttersprache.

 Sehenswert

Rathausplatz
| Platz |
An Narvas einstigen Ruhm als Barockstadt erinnert nur noch das Rathaus. Es wurde 1668–71 im zurückhaltenden Stil des nordischen Barock nach Plänen des Lübecker Baumeisters Georg Teuffel errichtet. Einen eindrucksvollen architektonischen Kontrast hierzu stellt nebenan der moderne, 2012 fertiggestellte Neubau des Narva College der Universität Tartu dar.

Hermannsfeste
| Ordensburg |

 Eindrucksvolle Burg mit Blick nach Russland

Die Hermannsfeste (Hermanni linnus) leitet ihren Namen von dem weithin sichtbaren Turm im Nordwesten ab, dem »Langen Hermann« (Pikk Hermann), dem ältesten Teil der mehrmals umgebauten Burg. Die Festung geht auf das Jahr 1213 zurück und diente bis ins 16. Jh. als Ordensburg. Sie beherbergt heute das Stadtmuseum, das die von vielen Schlachten geprägte Geschichte der Grenzregion aufschlüsselt. Gegenüber gut sichtbar, aber ohne Visum nicht zu betreten ist die Festung Ivangorod, Ende des 15. Jh. auf Befehl von Zar Iwan III. errichtet. In Narva standen sich im Laufe der Geschichte immer wieder Schweden und Russen gegenüber. Im Jahr 1700 trugen die Truppen Karls XII. von

Schweden den Sieg davon, doch 1704 konnte Peter I. Narva erobern.

 Peterburi maantee 2, Tel. 359 92 30, www.narvamuuseum.ee, tgl. 10–18 Uhr, 3 €, erm. 1,50 €

Restaurants

€ | Art Club Ro-Ro Günstiges Restaurant mit einfacher, osteuropäischer Küche, aber unbezahlbarem Blick hinüber nach Russland. Jõe 3, Tel. 357 51 41, www.artroro.ee

In der Umgebung

Pühtitsakloster
| Kloster |

Das orthodoxe Kloster (Pühtitsa klooster) wirkt inmitten der waldreichen, einsamen Landschaft zwischen Ostsee und Peipussee wie ein Fantasiegebilde. Seine Bauten entstanden in historisierendem altrussischem Stil um 1900. Heute leben hier etwa 150 Nonnen vom Ertrag ihrer Gärten sowie von den Einnahmen aus dem kleinen Gästehaus und dem Verkauf von Honig, Brot, Kerzen und Strickwaren. In der Nähe sprudelt eine heilige Quelle, die niemals zufriert.

 Kuremäe küla, tgl. 7–17 Uhr

7 Peipussee

Der fünftgrößte See Europas – Fische, Zwiebeln und russische Altgläubige

Der Peipussee (Peipsi järv) ist mit einer Länge von 140 km und einer Fläche von 3555 km² der größte Grenzsee Europas – am anderen Ufer liegt Russland. Seit jeher mischen sich hier die Kulturen, sodass man auch auf estnischer Seite zahlreiche russisch geprägte Dörfer findet – typische Straßendörfer mit schlichten Holzhäusern und Kirchen mit bunten Zwiebelkuppeln. Das Wasser des Sees ist durchschnittlich nur 8 m tief. Er erreicht daher im Sommer schnell Badetemperaturen und friert im Winter rasch zu.

Sehenswert

Kauksi
| Sandstrand |

Am Nordufer des Sees findet man einen Sandstrand mit Dünen wie am Meer. Auch Baden ist möglich, allerdings auf eigene Gefahr, da keine Rettungsschwimmer vor Ort sind.

Kallaste
| Steilküste |

Bei der Kleinstadt Kallaste beeindruckt der See mit einer 6–8 m hohen Steilküste, die aufgrund ihrer Farbe auch »Roter Berg« genannt wird. Im Ort selbst ist ansonsten nur die orthodoxe Kirche sehenswert.

Museum der Altgläubigen
| Museum |

Im russisch anmutenden Straßendorf Kolkja wohnen hauptsächlich Altgläubige. Das Museum der Altgläubigen (Kolkja vanausuliste muuseum) dokumentiert die Geschichte jener Anhänger der altrussischen Liturgie, die ab Mitte des 17. Jh. als Ketzer gebrandmarkt wurden, weil sie sich Kirchenreformen widersetzten. Viele flohen damals bis nach Sibirien. Doch auch am weltvergessenen Peipussee überlebten die »Raskolniki« alle Verfolgungswellen – von Peter dem Großen bis zu Stalin.

 Ranna 17, Kolkja, Tel. 745 34 31, Mai– Sept. Mi–So 11–18 Uhr, 3 €, erm. 1 €

Klassizistische Gebäude säumen den Rathausplatz im Zentrum von Tartu

ℹ Information

■ Turismiinfo, Raekoja plats 19 (Seiteneingang vom Rathaus), 50089 Tartu, Tel. 744 21 11, www.visittartu.com, Mitte Mai–Mitte Sept. Mo–Fr 9–18, Sa, So 10–17, sonst Mo 9–18, Di–Fr 9–17, Sa 10–14 Uhr
■ Parken: siehe S. 39

Tartu (Dorpat) am Ufer des Flusses Emajõgi (Embach) ist mit knapp 100 000 Einwohnern die zweitgrößte Stadt Estlands. Mit der ältesten Universität des Landes gilt sie noch vor Tallinn als dessen geistiges und kulturelles Zentrum.

1030 wurde Tartu erstmals urkundlich erwähnt, als der Kiewer Großfürst Rus Jaroslaw der Weise die estnische Festung Tarbatu eroberte und in Jurjew umbenannte. Im 13. Jh. gelang es dem Deutschen Orden, sich in Tartu festzusetzen. Die Stadt wurde 1224 zum Bistum erhoben und erhielt eine Bischofsburg auf dem Domberg. Durch den Handel mit den russischen Städten Nowgorod und Pskow prosperierte Tartu im Mittelalter. 1280 wurde die Stadt Mitglied der Hanse. Politisch waren die Zeiten weniger glücklich. Tartu fiel immer neuen Eroberern in die Hände – Russen, Polen, Schweden. Mitte des 19. Jh. spielte die Stadt eine

Plan
S. 36

als »Athen am Embach« bezeichnet, wieder Studenten und Wissenschaftler aus aller Welt an.

👁 Sehenswert

① Rathausplatz
| Platz |

Der lang gestreckte Rathausplatz (Raekoja plats) bildet das Zentrum der Altstadt zwischen Fluss und Domberg. Lediglich die Gebäude an der nördlichen Seite sind klassizistisch, die an der südlichen wurden erst nach dem Zweiten Weltkrieg errichtet. Das 1782–86 entstandene Rathaus mit seiner frühklassizistischen Fassade, die von Pilastern untergliedert wird, ist der Blickfang des Platzes. Von 9 bis 21 Uhr ertönt dort alle drei Stunden ein Glockenspiel. Den Brunnen vor dem Rathaus ziert ein küssendes Studentenpaar, das zum Symbol der Stadt geworden ist.

② Schiefes Haus
| Historisches Gebäude |

Am flussnäheren Ende des Rathausplatzes steht das Schiefe Haus, in dem das Kunstmuseum (Tartu Kunstimuuseum) untergebracht ist. Interessanter als die städtische Sammlung estnischer Kunst ist das um 1812 errichtete Gebäude selbst, das sich zur Seite neigt, da der Untergrund sumpfig ist und es anders als die Nachbarhäuser nicht ausreichend durch Holzpfähle abgestützt wurde.

■ Tartu Kunstimuuseum, Raekoja plats 18, www.tartmus.ee, Mi, Fr–So 11–18, Do bis 21 Uhr, 5 €, erm. 4 €

zentrale Rolle beim nationalen Erwachen, beim Kampf um die Emanzipation der Esten in einer von Deutschen und Russen geprägten Gesellschaft. Studentenverbindungen sammelten estnische Volkslieder und organisierten 1869 das erste Sängerfest (S. 27), auf dem diese vorgetragen wurden. Bald folgten erste Theateraufführungen in estnischer Sprache. An der Universität wurde zu der Zeit noch Deutsch gesprochen. Unter den Sowjets nach 1945 war Tartu nur mit Sondergenehmigung zugänglich, da am Stadtrand ein strategisch wichtiger Militärflughafen lag. Heute zieht Tartu, das sich selbst nicht ganz bescheiden

Tartu

- 6 Botanischer Garten
- 3 11 Estnisches Nationalmuseum (3 km)
- 5 Johanneskirche
- 4 Rüütli tänav
- 6
- 3 Universität Tartu
- 2 Schiefes Haus
- 7 Domkirche
- 1 Rathausplatz
- Museum der Universität Tartu
- Engelsbrücke
- Rathaus
- 10 Pulverkeller
- 8 Teufelsbrücke
- 9 Sternwarte Tartu

Emajõgi · Narva mnt · Vabaduse puiestee · Raatuse · Fortuuna · Hafen · Markthalle · Riia · Turu · Soola · Veski · J. Liivi · Vallikraavi · K. E. v. Baeri · Küüni · Ülikooli · Vanemuise · Lossi · Raekoja plats · Küütri · Ülikooli · Munga · Jakobi · Gildi · Kompanii · Lüübeki · Lai · Lutsu · Jaani · Kussberg · Opferstein · K. E. v. Baeri · Jakobi · Kroonuaia · Tähtvere

0   300 m

---

3 Universität Tartu

| Architektur |

6 *Älteste Hochschule Estlands mit vier Jahrhunderten Geschichte*

Wenn das Herz der Stadt am Rathausplatz schlägt, so ist der ganze Stolz der Esten die Universität (Tartu ülikool). Die ursprünglich vom schwedischen König Gustav Adolf II. im Jahr 1632 gegründete Universität wurde, als Tartu im Nordischen Krieg unter russische Herrschaft geriet, von Zar Peter dem Großen 1704 geschlossen und nach Pärnu verlegt. 1775 zerstörte ein Großbrand die Altstadt. Erst die Wiedereröffnung der Universität 1802 belebte Tartu neu. Das klassizistische Hauptgebäude entstand 1803–09 nach Plänen des Architekten Johann Wilhelm Krause (1750–1828). Im Südflügel des Hauptgebäudes befindet sich das 1803 gegründete Kunstmuseum der Universität (Ülikooli Kunstimuuseum) mit der umfassendsten Sammlung antiker Kunst in Estland. Das Museum organisiert auch Führungen in die von

Säulen gerahmte Aula und den spartanischen, wenig einladenden Karzer. Dort sind noch Wandkritzeleien erhalten, mit denen sich im 19. Jh. wegen schlechten Benehmens einsitzende Studenten die Zeit vertrieben.

■ Ülikooli Kunstimuuseum, Ülikooli 18, www.kunstimuuseum.ut.ee, Mo–Fr 11–17 Uhr, 4 €, erm. 3 €

4 Rüütli tänav

| Fußgängerzone |

Zwischen Rathaus und Schiefem Haus geht vom Rathausplatz die Rüütli tänav ab. Die hübsch restaurierte Straße ist Tartus belebteste Fußgängerzone mit einer Vielzahl an Restaurants, Bars und kleinen Läden.

5 Johanneskirche

| Kirche |

Am Nordende der Rüütli tänav ragt linker Hand die Johanneskirche (Jaani Kirik) auf, die bedeutendste Backsteinkirche Estlands. Mit dem Bau wurde wahrscheinlich Ende des 13. Jh. begonnen. Wie die meisten Kirchen Estlands jener Zeit war sie zunächst als Hallenkirche geplant, wurde dann aber in der zweiten Hälfte des 14. Jh. als Basilika mit polygonalem Chor vollendet. Sie brannte 1944 völlig aus und konnte erst 1989–2005 wieder aufgebaut werden. Besonders sehenswert machen sie ihre Terrakottafiguren. Vom Kirchturm eröffnet sich ein schöner Blick auf die Stadt.

■ Jaani 5, www.jaanikirik.ee, Mo–Sa 10–19 (Winter Di–Sa 10-18), So 10-13 Uhr, Konzerte Di, Fr 12.15 Uhr

6 Botanischer Garten
| Gartenanlage |

Am Rand der Altstadt unterhält die Universität einen kleinen, aber feinen botanischen Garten (Tartu ülikooli botaanikaaed). Der Spaziergang über das Freigelände ist kostenlos.

■ Lai 38, tgl. 7–19, Sommer bis 21 Uhr, Gewächshäuser tgl. 10–17 Uhr, 3 €

7 Domkirche
| Museum |

Zar Paul I. (1796–1801) schenkte das Areal auf dem Domberg (Toomemägi) der Universität zur Wiedereröffnung. Anstelle der alten Befestigungsanlagen ließ man einen Landschaftspark anlegen, Bibliothek und Sternwarte errichten. Das dominierende Gebäude auf dem Berg ist die Domkirche (Toomkirik), an der vom 13. bis 16. Jh. gebaut wurde. Sie gehört wie die Johanneskirche zu den bemerkenswerten Sakralbauten der Backsteingotik im Baltikum. Von den Turmstümpfen kann man weit über Tartu hinaus blicken. Die Reformation, der Livländische Krieg und ein Brand im Jahr 1624 zerstörten die Kirche. Zu Beginn des 19. Jh. baute man den Chorraum zur

Universitätsbibliothek um. Mittlerweile dokumentiert hier das Museum der Universität Tartu anhand alter optischer Geräte und Laborausstattungen die Geschichte der Lehranstalt. Ältestes Exponat ist ein Globus aus dem 13. Jh. Im Norden der Domkirche markiert ein 12 000 Jahre alter Opferstein jenen Ort, an dem einst die Esten ihre Götter mit Gebeten und Gaben gnädig zu stimmen versuchten. Heutzutage pilgern Verliebte dagegen auf den benachbarten Kussberg (Musumägi); davon zeugen die vielen Vorhängeschlösser dort.

■ Tartu Ülikooli Muuseum, Lossi 25, www.muuseum.ut.ee, Mai–Sept. Di–So 10–18, sonst Mi–So 11–17 Uhr, 5 €, erm. 4 €

8 Engels- und Teufelsbrücke
| Brücken |

Zwei Brücken queren das Tal mit der Straße Lossi tänav: Die neoklassizisti-

ADAC *Mittendrin*

Dem russischen Chirurgen Nikolai Pirogow (1810–81) kommt in der Medizingeschichte ein bedeutender Platz zu. Dass sich die einheimischen Studenten im Sommer so zahlreich bei seinem Denkmal am Fuß des **Dombergs** versammeln, hat wenig mit dem Stolz darauf zu tun, dass der Gelehrte auch eine Zeit an der Uni Tartu verbrachte. Der Grund ist vielmehr, dass öffentliches Trinken von Alkohol in Estland außerhalb von Restaurants verboten ist. Die Studentenstadt Tartu machte allerdings eine Ausnahme und erklärte den **Pirogow-Park** kurzerhand zur Picknickzone, wo alkoholische Getränke konsumiert werden dürfen.

sche Engelsbrücke (Inglisild) wurde 1838 gebaut. Die Inschrift »Otium reficit vires« gibt den Passanten den Rat »Muße stärkt die Kräfte«. Ihr Pendant ist die Teufelsbrücke (Kuradisild) von 1913 ein Stück weiter westlich.

9 Sternwarte Tartu
| Observatorium |

Auf der anderen Seite des Dombergs steht die 1810 erbaute Sternwarte (Tähetorn), die zu den bedeutendsten des 19. Jh. gehörte, denn der Astronom Friedrich Georg Wilhelm Struve (1793–1864) ließ hier eines der besten Fernrohre damaliger Zeit installieren. Noch heute funktioniert es einwandfrei. Berühmt wurde Struve durch den sogenannten Struve-Bogen, eine Kette von Vermessungspunkten zwischen Hammerfest und Schwarzem Meer, als dessen erster Punkt das alte Observatorium in Tartu auf der Liste des UNESCO-Weltkulturerbes steht.

■ Lossi 40, Tel. 737 69 32, www.tahetorn. ut.ee, Mi–So 11–17 Uhr, 4 €, erm. 3 €

10 Pulverkeller
| Architektur |

Unterhalb der Sternwarte liegt der Pulverkeller, der 1767 auf Geheiß Katha-

rinas II. als Munitionslager in den Berg hineingegraben wurde. Heute wird in den stimmungsvollen Gewölben gute estnische Küche serviert.

■ Püssirohukelder, Lossi 28, Tel. 730 35 55, www.pyss.ee

11 Estnisches Nationalmuseum
| Museum |

3 *Estlands größtes, modernstes und wohl interessantestes Museum*

Estlands Nationalmuseum (Eesti Rahva Muuseum) beeindruckt bereits von außen: 2016 bekam das 1909 in Tartu gegründete Museum einen Neubau mit 6000 m² Ausstellungsfläche am Ende der Landebahn eines ehemaligen Flugfeldes. Der Standort ist auch symbolisch gewählt: Vom Flugplatz Raadi starteten einst sowjetische Militärflugzeuge, Symbol der verhassten Besatzungsmacht. Dieser Stützpunkt machte Tartu zu einer für Ausländer geschlossenen Stadt. Der Neubau des Nationalmuseums hat das erklärte Ziel, die Erinnerung an diese Geschichte nicht auszulöschen, sondern ihr eine neue, hoffnungsvolle Botschaft zu geben.

Wer das gewaltige Gebäude durch den Haupteingang betritt, landet nicht wie in vergleichbaren Häusern üblich erst einmal in der Steinzeit: Die Ausstellung beginnt mit dem abgewetzten Bürostuhl, auf dem in Estland Skype erfunden wurde, und arbeitet sich dann langsam zurück zu den Wurzeln der Geschichte. Wem der traditionelle Aufbau lieber ist, der kann das 335 m lange Gebäude von der anderen Seite betreten – Eingang B verfügt übrigens über einen eigenen Parkplatz. Neben der Hauptausstellung besonders sehenswert ist im Untergeschoss eine Ausstellung zu

ADAC Mobil

Während Tartus gesamte Innenstadt sich bequem zu Fuß erkunden lässt, befindet sich das **Nationalmuseum** am Stadtrand und ist gut mit dem Auto zu erreichen. Als Alternative bietet sich die Stadtbuslinie 27 an, die tagsüber von der zentralen Haltestelle Kesklinn (Riia maantee 2, vor dem Einkaufszentrum Kvartal) halbstündlich zum Museum fährt.

Interessantes für alle Altersgruppen bietet das Estnische Nationalmuseum

den mit den Esten sprachlich verwandten finno-ugrischen Völkern Eurasiens (Eingang A). Das angeschlossene Restaurant serviert estnische Nationalgerichte in moderner Form. ■ Muuseumi tee 2, Tel. 735 04 00, www.erm.ee, Di, Do–So 10–18, Mi 10–20 Uhr, 14 €, erm. 10 €

 Parken

Die Innenstadt von Tartu ist in zwei Parkzonen aufgeteilt: In Zone A kostet die Stunde 2 €, in Zone B 1 €. Jenseits des Flusses Emajõgi ist das Parken bis auf wenige Ausnahmen kostenlos.

 Restaurants

€€ | **Ülikooli kohvik** Allein schon die eleganten Räume in der Nähe der Universität sind einen Besuch wert. Im Erdgeschoss lädt an Wochenenden außerdem ein Jazzclub (www.jazzklubi.ee) zu diversen Events ein. ■ Ülikooli 20, Tel. 737 54 05, www.kohvik.ut.ee, So geschl., Plan S. 36 b2

€€ | **Vilde ja Vine** Schönes Café-Restaurant in ehemaliger Druckerei. Namensgeber ist der estnische Schriftsteller Eduard Vilde, der vor dem Restaurant auf einer Bank gemeinsam mit Oscar Wilde sitzt. ■ Vallikraavi 4, Tel. 734 34 00, www.vilde.ee, Plan S. 36 b3

In der Umgebung

Elva
| Stadtbild |

Die Kleinstadt Elva liegt 20 km von Tartu inmitten einer arkadischen Landschaft, zu der sich sanft geschwungene Hügel, naturbelassene Seen und verspielte Flussläufe harmonisch fügen. Elva ist eine Künstler-, Schriftsteller- und Professorenkolonie mit stattlichen Holzhäusern, verglasten Veranden, Korbmöbeln und weißem Leinen. Die Strecke zwischen Elva und der kleinen Stadt Otepää weiter südlich ist im Sommer eine tolle Mountainbikeroute.

9 Suur Munamägi

Reizvolle Hügellandschaft mit Ausblick im Süden Estlands

Die mit 318 m höchste Erhebung des Baltikums heißt, ihrer Form wegen, ins Deutsche übersetzt »Großer Eierberg«. Trotz des kurios anmutenden Namens ist der Ausblick vom Turm auf der Spitze auf die umliegende südestnische Hügellandschaft wahrlich grandios und macht Lust auf ausgedehnte Wanderungen in der dünn besiedelten Region.

 Restaurants

€–€€ | Suur muna kohvik Freundliches, familiäres Café und Restaurant am Fuß des »Großen Eierbergs«. ■ Mäe 11, Haanja, Tel. 58 66 46 68, www.suurmuna.ee

 In der Umgebung

Seto-Museum
| Museum |
Im Südosten leben beiderseits der estnisch-russischen Grenze die Seto, ein finno-ugrischer Stamm orthodoxen Glaubens. Das Seto-Museum in Obinitsa dokumentiert ihre stark russisch geprägten Lieder und Bräuche. Ein kleiner Museumsladen verkauft Seto-Kunsthandwerk.
■ Seto Muuseumitare, Obinitsa, Tel. 785 41 90, www.obinitsamuuseum.ee, Di–So 10–16 Uhr, 2 €, erm. 1 €

Der Burghügel in Viljandi lädt zum Spazierengehen und Entspannen ein

10 Viljandi

*Kreative Kleinstadt am See mit
geschichtsträchtiger Burgruine*

 Information

■ Turismiinfokeskus, Vabaduse plats 6,
71020 Viljandi, Tel. 433 04 43, www.visit
viljandi.ee, Mitte Mai–Mitte Sept. Mo–Fr
10–17, Sa, So 10–15 Uhr, im Winter Sa, So
geschl.

Das Städtchen Viljandi liegt am gleichnamigen See, den hübsche Holzbauten aus dem 19. Jh. säumen. Im Mittelalter blühte die damals Fellin genannte
Stadt auf. Sie lag am Handelsweg zwischen Tartu und Pärnu. Trotz nur knapp
18 000 Einwohnern ist Viljandi durch
Institutionen wie Theater, Kulturakade-
mie und ein Zentrum für Folkloremu-
sik ein kleiner kultureller Hotspot geworden, der jedes Jahr im Juli zum
mehrtägigen Viljandi-Folkfestival Besucher aus dem ganzen Land anzieht.

 Sehenswert

Ordensburg
| Burgruine |

⑦ *Der mächtige Bau beeindruckt
auch heute noch als Ruine*

Die fußläufig erreichbare Burg des
Schwertritterordens aus der Mitte des
13. Jh. ist zwar nur noch in Ruinen er-
halten, bietet aber einen herrlichen
Ausblick auf die Stadt und den See.
■ Viljandi ordulinnus, Tasuja puiestee 6

Johanneskirche
| Kirche |

In der schlichten Johanneskirche (Jaani kirik) aus dem 15. Jh. werden häufig
Orgelkonzerte veranstaltet. Im Turm
befindet sich das größte Glockenspiel
Estlands, dessen 25 Glocken in Holland
gefertigt wurden.
■ Pikk 8

 Restaurants

€ | Tegelaste tuba Uriges Wirtshaus mit
guter estnischer Küche. Keine Karten-
zahlung! ■ Pikk tänav 2b, Tel. 433 39 44

 Cafés

Roheline maja Bioladen und Café in
einer ehemaligen, grünen Holzapo-
theke. ■ Koidu 2, Tel. 434 43 07

11 Pärnu

*Estlands Sommerhauptstadt mit
langem Sandstrand*

 Information

■ Turismiinfokeskus, Uus 4, 80010 Pärnu,
Tel. 447 30 00, www.visitparnu.com, Mitte
Mai–Mitte Sept. tgl. 9–18, sonst Mo–Fr
9–17, Sa, So 10–14 Uhr

Pärnu (Pernau), die meiste Zeit des
Jahres ein eher träges Provinznest, er-
wacht von Juni bis August zu ausge-
lassenem Leben. Die Einwohnerzahl
von rund 40 000 vervielfacht sich in
den Sommermonaten. Clubs und Restaurants aus Tallinn ziehen nach Pärnu
und feiern hier die »weißen Nächte«.
Höhepunkt der Saison ist die Mittsommernacht am 23. Juni, wenn die Sonne
den Himmel entflammt und um die
Pärnuer Bucht unzählige Johannisfeu-
er entzündet werden.

Pärnu wurde vom Deutschen Orden
im 13. Jh. gegründet. Rund um die 1234
geweihte Bischofskirche entwickelte

sich eine Siedlung, die im 14. und beginnenden 15. Jh. als Hansestadt ihre erste Blüte erlebte. Doch 1473 verwüsteten Seeräuber Alt-Pernau, und als die Stadt fast wieder aufgebaut war, zerstörte ein Brand sie erneut. Auf die Deutschen folgten nach dem Livländischen Krieg 1582 Polen, 1629 Schweden, unter denen der Handel wieder florierte, und 1710 Russen. Das heutige Erscheinungsbild geht überwiegend auf das 18. und 19. Jh. zurück, als sich Pärnu zum Kurort und zur Sommerfrische der deutschbaltischen Gutsbesitzer und des Petersburger Adels entwickelte. Schlammbäder, Konzerte und festliche Abendgesellschaften gehörten zu den Annehmlichkeiten des Kurortes.

 Sehenswert

Tallinner Tor
| Architektur |

Im Westen der Altstadt, die zwischen dem Fluss Pärnu und dem Ostseestrand liegt, steht das Tallinner Tor (Tallinna värav). Das monumentale barocke Tor von 1675–86 ist das einzige noch erhaltene der schwedischen Wallanlagen des 17. Jh., die im 19. Jh. eingeebnet und durch einen Park ersetzt wurden. Von hier führt die Kuninga tänav in die Stadt.

■ Kuninga 1

Rüütli tänav
| Fußgängerzone |

Pärnus Fußgängerzone erweckt mit niedrigen Häusern den Eindruck, man spaziere durch eine Spielzeugstadt.

Katharinenkirche
| Kirche |

Katharina II. stiftete die nach ihr benannte Kirche (Kathariina kirik) 1764

der Stadt, die zu ihrer Regierungszeit als Hafen von Bedeutung war. Der Barockbau, 1764–68 über dem Grundriss in Form eines griechischen Kreuzes errichtet, erhielt in der Mitte eine Kuppel mit großer Laterne und vier Ecktürmchen. Die Türme verleihen der Kirche eine Leichtigkeit, die auch im Inneren zu spüren ist.

■ Vee 8, tgl. 9–17 Uhr

Rathaus
| Historisches Gebäude |

Das Rathaus (Raekoda) besticht mit einem schmuckvoll verzierten, zweiflügeligen Eingangstor, flankiert von zwei schmiedeeisernen Lampen. Das 1797 für einen deutschen Kaufmann in strengem Klassizismus errichtete Haus erhielt 1911 einen Anbau, der Elemente des Jugendstils und der Neogotik zeigt. Heute ist in dem gelben Gebäude die Touristeninformation untergebracht.

■ Uus 4

Roter Turm
| Festungsturm |

Der Rote Turm (Punane Torn) war Teil der Festung im 14. Jh. und diente einst als Gefängnis. Er ist das älteste Bauwerk der Stadt und der einzige erhaltene Turm der früheren Stadtmauer. Heute gibt es hier ein Souvenirgeschäft und eine kleine Galerie.

■ Hommiku 11, Juni–Aug. Di–So 10–17, Sept.–Mai Di–Sa 10–17 Uhr

Lydia-Koidula-Museum
| Museum |

Besonders stolz ist Pärnu auf Lydia Koidula (1843–86), die eigentlich Emilie Florentine Jannsen hieß – eine Schlüsselfigur des nationalen Erwachens. Die erste estnische Dichterin schrieb viele

Ideales Revier zum Faulenzen: der schöne Badestrand von Pärnu

Gedichte, die vertont sehr populär wurden. Das Museum (Koidula Muuseum) in ihrem Elternhaus informiert über ihr Leben.

■ Jannseni 37, www.parnumuuseum.ee, Juni–Aug. Di–So 10–18, Sept.–Mai Di–Sa 10–17 Uhr, 4 €, erm. 3 €

Badestrand

| Strand |

Pärnus zweifellos wichtigste Attraktion ist der herrliche Badestrand im Süden der Altstadt. An der langen Promenade findet man u. a. das neoklassizistische Schlammheilbad Mudaravila (Ranna puiestee 1) aus dem 19. Jh., das mittlerweile als Luxushotel Hedon Spa & Hotel eröffnet wurde. Oder die moderne Variante, den Aquapark Tervise Paradiis (S. 44). Darüber hinaus gibt es zahlreiche schöne Cafés und Bars sowie Restaurants.

 Restaurants

€€ | **Pärnu Jahtklubi** Das Restaurant am Jachthafen serviert leichte Küche, viel Fisch und Meeresfrüchte, aber auch Burger, im Sommer auf der Sonnenterrasse, die 120 Gästen Platz bietet. ■ Lootsi 6, Tel. 447 17 60, www.jahtklubi.ee

€€ | **Trahter Postipoiss** In der alten Poststation speist man rustikal, vornehmlich russisch, an langen, schweren Holztischen. Dazu gehören auch leckere Blinis. ■ Vee 12, Tel. 446 48 64, www.trahterpostipoiss.ee

 Cafés

Piccadilly Zauberhaftes Café (und Weinhandlung) mit köstlichen Pralinen und Kuchen, aber auch Suppen oder Quiches. ■ Pühavaimu 15, Tel. 442 00 85, www.kohvila.com

Kinder

Tervise Paradiis Estlands größter Wasserpark bietet u. a. eine 85 m lange Wasserrutsche. ■ Side 14, www.tervise paradiis.ee, Juni–Aug. tgl. 10–22, sonst 11–22 Uhr, ab 13 €, erm. 8 €

Muhu

Wacholderbüsche, Steinhaufendörfer und ein wundervolles Hotel

 Information

■ Turismiinfopunkt, 94701 Liiva küla, Tel. 58 55 50 20, www.muhu.info, Juni–Aug tgl. 10–18 Uhr

Die 201 km² große Insel Muhu (Moon) ist gewissermaßen das »Empfangszimmer« Saaremaas, das nur über Muhu zu erreichen ist. Mit der Fähre

ADAC *Mobil*

Eine typische **Inselrundreise** wird über Muhu und Saaremaa nach Hiiumaa und von dort wieder zurück aufs Festland führen. Sie umfasst drei **Fährverbindungen**, da Muhu mit seiner großen Nachbarinsel Saaremaa über einen Damm verbunden ist. Informationen und Fahrpläne für die Verbindung mit TS Laevad von Virtsu nach Kuivastu auf der Insel Muhu sowie zwischen dem Hafen Heltermaa auf Hiiumaa und Rohuküla auf dem Festland finden sich unter www.praamid.ee. Die Fährverbindung zwischen den beiden Hauptinseln Saaremaa und Hiiumaa (Sõru–Triigi) betreibt Veeteed (www.veeteed.com).

gelangt man in einer halben Stunde von Virtsu auf dem Festland nach Kuivastu auf Muhu. In einer knappen halben Stunde hat man die Insel mit dem Auto durchquert und den 3,6 km langen Damm nach Saaremaa erreicht. Doch es lohnt sich, in Muhu Station zu machen, zumal die Insel mit dem Gut Pädaste (S. 53) ein besonders schönes Hotel besitzt.

◉ Sehenswert

Liiva
| Inseldorf |

Die wenigen Häuser des Ortes im Zentrum der Insel gruppieren sich um die schlichte Katharinenkirche (um 1300). Der Bau gliedert sich in ein hohes Kirchenschiff, einen weniger hohen Chor und einen niedrigen, in dieser Form seltenen flachen Abschluss. Im Chor sind Reste von Fresken zu sehen.

Koguva
| Inseldorf |

Den besten Eindruck vom Inselleben verschafft eine Fahrt nach Koguva – eine Zeitreise in die Jahre um 1800. Der Ort an der Westküste der Insel ist ein Bilderbuchdorf mit saftigen Wiesen, blühenden Gärten, tief heruntergezogenen Reetdächern sowie moosbewachsenen Steinmauern, auf denen gelegentlich ein Boot kieloben liegt – eine Tradition der Fischer, die ihre treuen alten »Gefährten« so zur Ruhe betten. Das in einem Hofgut eingerichtete Museum dokumentiert anhand von Werkzeugen, Trachten und Fotografien die Geschichte der Insel.
■ Muhu muuseum, Tel. 454 88 72, www. muhumuuseum.ee, Mitte Mai–Mitte Sept. tgl. 9–18, sonst Di–Sa 10–17 Uhr, 4 €, erm. 3 €

Das Dorf Koguva gibt einen Einblick in das Leben vor 200 Jahren

Eemu-Windmühle
| Architektur |
Kurz vor dem Damm nach Saaremaa steht eine Bockwindmühle (Eemu tuulik), die noch in Betrieb ist. Damit der Müller sie mithilfe eines langen Hebels in den Wind drehen kann, sitzt sie auf einem beweglichen Unterbau. Man kann Mehl sowie Brot kaufen.

 Linnuse küla, Mitte Juni–Mitte Sept. Mi–So 11–18 Uhr 1 €, Kinder 0,50 €

13 Saaremaa

Auf der größten Insel Estlands wirken himmlische Kräfte

i Information

 Saaremaa Turismiinfokeskus, Tallinna 2, 93819 Kuressaare, Tel. 453 31 20, www.visitsaaremaa.ee, Juni–Aug. Mo–Fr 9–18, Sa, So 10–16 Uhr, sonst kürzer

Saaremaa (Ösel) ist mit 2673 km² die größte Insel Estlands. Sie wird geprägt von Wacholder, Laub- und Nadelwäldern sowie Mooren. An der zerklüfteten Küste findet man Schilfgürtel, Dünen, Steinstrände und Klippen. Wo sich einst hermetisch abgeschirmtes Militärareal erstreckte, blühen 35 verschiedene Orchideenarten, umschwärmt von Schmetterlingen. Vom Festland gelangt man über die Nachbarinsel Muhu nach Saaremaa – zuerst per Fähre, dann über einen Damm.

 Sehenswert

Wehrkirche Pöide
| Kirche |
Im winzigen Dorf Pöide erhebt sich Estlands größte Wehrkirche (Pöide kirik), ein stattlicher Bau aus dem 13. Jh., der im 14. Jh. erweitert wurde. Die einschiffige Kirche wirkt nicht zuletzt

Die Bischofsburg von Kuressaare blickt auf eine bewegte Geschichte zurück

durch das Fehlen der Kirchturmspitze, die in den 1940er-Jahren abbrannte, überaus massiv. In die Fassade wurde Steinschmuck eingearbeitet, man erkennt Pflanzenornamente und ein leider seiner Köpfe beraubtes Bauernpaar.

■ Pöide küla, Juni–Aug. So 13.30–15 Uhr, sonst Tel. 56 61 28 29

Martinskirche

| Kirche |

In Valjala, 25 km vor Kuressaare, steht die dem hl. Martin geweihte älteste Kirche (Martini kirik) der Insel. Der heutige Chor wurde bereits 1227 als Kapelle errichtet und 1240–70 durch das Kirchenschiff erweitert. Die Architektur verquickt romanische und gotische Elemente. Der Innenraum mit der zarten Ausstrahlung nordeuropäischer Kirchen birgt einige fast verblasste Wandmalereien aus dem 13. Jh. Oberhalb der Kirche stehen die Ruinen einer mächtigen Burg, die die Ordensritter nach der Eroberung Estlands 1227 errichteten.

■ Valjala, Juni–Aug. Di–So 9.30–18 Uhr

Kaali

| Meteoritenkrater |

Ca. 18 km nordöstlich der Inselhauptstadt liegen die legendenumrankten Meteoritenkrater von Kaali (Kaali kraaterjärv). Hier schlug wahrscheinlich um 700 v. Chr. ein Eisenmeteorit ein und hinterließ einen 16 m tiefen und 110 m breiten Krater, dessen Grund sich mit Wasser gefüllt hat, sowie acht kleinere Krater.

Kuressaare

| Inselhauptstadt |

Kuressaare (Arensburg), seit Mitte des 19. Jh. ein beliebter Kurort, verströmt den Charme einer skandinavischen Sommerfrische. Die Kleinstadt, in der 16 000 der knapp 40 000 Inselbewohner leben, hat sich rund um die imposante Bischofsburg entwickelt.

Bischofsburg Kuressaare
| Museum |

 Die mächtige Burganlage aus dem 13. Jh. beeindruckt bis heute

Mehr als 200 Jahre blieb die Bischofsburg (Piiskopilinnus) aus dem Jahr 1260 in deutscher Hand und diente als Residenz der Bischöfe von Ösel-Wiek. Im Livländischen Krieg verkaufte der Bischof 1559 sein Bistum samt Insel und Burg an Dänemark. Als im 17. Jh. fast die gesamte Ostseeküste unter schwedische Herrschaft geriet, begann auch in Saaremaa (1645) die schwedische Epoche. Die Burg wurde weiter ausgebaut, verlor aber schon bald ihre strategische Bedeutung und diente als Kornspeicher. Heute befindet sich in der Bischofsburg von Kuressaare das Saaremaa-Museum, das die Burg- und Inselgeschichte darstellt. Zwei Türme, der »Sturvolt« im Nordwesten und der »Lange Hermann« (29 m) im Nordosten der vierseitigen Anlage, lassen erahnen, welche Widerstände die Eroberer des Landes zu überwinden hatten. Im Innern tritt ihre strenge gotische Architektur hervor, etwa im Festrefektorium, dessen Kreuzrippengewölbe sich auf achteckige Pfeiler stützt.

■ Lossihoov 1, Kuressaare, www.saaremaamuuseum.ee, Mai–Aug. tgl. 10–19 (Kasse schließt um 18 Uhr), Sept.–April Mi–So 11–19 Uhr, 6 €, erm. 3 €

Kurhaus
| Architektur |

Das gelb-weiße, aus Holz gebaute Kurhaus (Kuurhoone) von Kuressaare

versetzt einen mit Restaurant und Kurkonzerten in die glanzvollen Zeiten zur Jahrhundertwende des 18./19. Jh. Ende der 1980er-Jahre wurden die schönen Kuranlagen rekonstruiert, die unter den Sowjets ziemlich heruntergekommen waren.

■ Lossipargi 1, Kuressaare

Sõrve
| Halbinsel |

Die gut 30 km lange Halbinsel Sõrve ist mit ihren zahlreichen Sand- und Steinstränden ein Badeparadies wie aus dem Bilderbuch. Abseits der Küste stehen im Landesinnern noch einige der Bockwindmühlen, von denen es auf Saaremaa einst 800 gab.

Vilsandi
| Nationalpark |

Von ihrer spektakulären Seite zeigt sich die Natur im ca. 240 km² umfassenden Vilsandi-Nationalpark an Saaremaas Westküste. Zum Schutzgebiet gehören neben dem 9 km² großen Eiland Vilsandi über 100 kleinere Inseln. Hier lassen sich besonders gut Wasser- und Zugvögel sowie Kegelrobben beobachten. Man gelangt mit dem Boot von Papisaare oder bei niedrigem Wasserstand zu Fuß über Mihklirahu, Käkirahu und Kalarahu nach Vilsandi.

■ Vilsandi Rahvuspark, www.kaitsealad. ee/eng/vilsandi-national-park; Besucherzentrum im Gutshof Loona, Tel. 454 65 10, www.loonamanor.ee, Infos über geführte Touren nach Vilsandi unter www.heritage tours.ee

Steilküste Panga
| Küste |

Im Norden Saaremaas ist die bis zu 21 m hohe Steilküste bei Panga (Panga pank) sehenswert. Einen majestäti-

ADAC *Wussten Sie schon?*

Estland ist reich an **Inseln** – so reich, dass allein die Zählung eine Wissenschaft für sich ist. Noch vor kurzer Zeit lernten Kinder in der Schule die Zahl von 1521 Meeresinseln, bis eine Neuzählung vor wenigen Jahren ergab, dass im ganzen Land 2355 Inseln existieren, einige davon in Flüssen und Seen, 2222 im Meer. Das wären 2222 Meeresinseln mehr als in Lettland, das keine einzige besitzt – womit die Esten ihre südlichen Nachbarn gerne aufziehen. Die schöne Zahl wird allerdings nicht ewig Bestand haben, denn immer wieder wachsen Inseln zusammen, verschwinden oder entstehen neu. Die gute Nachricht dabei: Insgesamt scheint die Landfläche zu wachsen, bei manch einer Insel verglichen mit sowjetischen Karten um bis zu 30 Prozent.

schen Anblick bieten aber auch die Schiffe, die auf der anderen Seite der Bucht den Kreuzfahrthafen Saaremaas ansteuern.

Katharinenkirche
| Wehrkirche |
Kunstfreunde kommen im Dorf Karja auf ihre Kosten. In der hiesigen Wehrkirche (Karja kirik) aus dem 14. Jh. tauchen erstaunlicherweise christliche neben heidnischen Symbolen auf. ◼ Karja, Mo–Sa 10–17.30, So 11–17.30 Uhr

Angla
| Windmühlen |
In Angla nahe Karja stehen noch vier inseltypische Bockwindmühlen und eine Holländermühle.

◼ Angla küla, Tel. 505 04 34, www.angla tuulik.eu, Juni–Aug. tgl. 10–20, sonst 9–17 Uhr, 3,50 €, erm. 1,50 €

 Restaurants

€€ | **Söögimaja** Das in einem Schulhaus eingerichtete Lokal mit schönem Garten ist spezialisiert auf die bäuerliche Küche Saaremaas, gekocht wird mit lokalen Bio-Produkten. ◼ Lümanda, Tel. 457 64 93, www.soogimaja.planet.ee
€€ | **Veski trahter** Die rustikale Taverne in einer Windmühle serviert estnische Hausmannskost. ◼ Pärna 19, Kuressaare, Tel. 453 37 76, www.veskitrahter.eu

 Sport

Fahrradverleih ◼ Bivarix, Tallinna 26, Kuressaare, Tel. 455 71 18, www.bivarix.ee

14 Hiiumaa

Inspirierende, weite Insel mit herrlich einsamen Sandstränden

 Information

◼ Turismiinfokeskus, Hiiu 1, 92413 Kärdla, Tel. 462 22 32, www.hiiumaa.ee, Mitte Mai–Mitte Sept. Mo–Fr 10–17, Sa, So 10–15, sonst Mo–Fr 12–17 Uhr

Hiiumaa ist mit rund 1000 km² die zweitgrößte Insel des Landes, aber spärlich besiedelt. Nur etwa 11 000 Menschen leben hier permanent. Im Sommer kommen neben ein paar Touristen die estnischen Schriftsteller auf das wegen seiner Ruhe geschätzte Eiland. Hiiumaa ist noch immer unentdecktes Terrain zwischen Sand und Wacholder. »Leere Insel« nannte man Hiiumaa bis ins 13. Jh.

Sehenswert

Gutshof Suuremõisa
| Gutshof |

Hauptsehenswürdigkeit der Insel ist der Gutshof in Suuremõisa. Das spätbarocke Anwesen gehörte der Adelsfamilie Ungern-Sternberg und entstand in seiner heutigen Form in den 1750er-Jahren. Heute nutzt eine Schule die Gebäude. Die Kirche im schönen Park stammt aus dem 13. Jh. und birgt eine mit Steinskulpturen geschmückte Kanzel.

■ www.suuremoisa-loss.eu, Juni–Aug. tgl., sonst Mo–Fr 10–16 Uhr, 2 €, erm. 1,50 €

Kärdla
| Inselhauptstadt |

Der Hauptort der Insel liegt im Norden. Kärdla ist mehr der Natur verbunden als dem urbanen Leben. Ein kurzes wirtschaftliches Aufblühen brachte im 19. Jh. die Tuchfabrik der Ungern-Sternbergs, die 1941 zerstört wurde – ein Denkmal und einige typische Arbeiterunterkünfte zeugen davon.

Berg der Kreuze
| Gedenkstätte |

Etwa 10 km hinter Kärdla, auf dem Weg nach Körgessaare, liegt der »Berg der Kreuze« (Ristimägi). Tausende von Kreuzen, alle aus Zweigen oder Ästen gefertigt, finden sich hier. Der Brauch, an diesem Ort Kreuze aufzustellen, geht auf das Jahr 1781 zurück, als 1200 auf der Insel ansässige Schweden einen letzten Gottesdienst abhielten, bevor sie in die Ukraine aufbrachen, wo ihnen Zarin Katharina die Große Land zugewiesen hatte.

Holzwindmühlen wie diese in Angla gibt es noch vereinzelt auf den estnischen Inseln

Leuchtturm von Kõpu
| Leuchtturm |

Leuchttürme markieren die Küste Hiiumaas, der größte und älteste steht in Kõpu (Kõpu Tuletorn) auf einer 63 m hohen Düne. »Der Dicke« aus dem 16. Jh. bietet einen hervorragenden Blick über die Halbinsel Kõpu im Westen Hiiumaas.

■ Mai–Mitte Sept. tgl. 10–20 Uhr, 2 €, erm. 1 €

Kassari
| Insel |

Südlich von Käina ist Hiiumaa durch zwei Dämme mit der 8 km langen Nachbarinsel verbunden, an der sich weiße Kieselstrände am smaragdgrünen Meer erstrecken.

 Restaurants

€€ | **Rannapaargu** Restaurant direkt am Meer. ■ Lubjaahju 3, Kärdla, Tel. 463 20 53, www.rannapaargu.ee

15 Haapsalu

Ein Städtchen wie aus dem schwedischen Bilderbuch

 Information

■ Turismiinfokeskus, Karja 15, 90502 Haapsalu, Tel. 473 32 48, www.visit haapsalu.com, Mitte Mai–Mitte Sept. Mo–Fr 10–17, Sa, So 10–16 Uhr, sonst So, Mo geschl.

Haapsalu ist eines der ältesten estnischen Strandbäder. Im Jahr 1825 wurde die Stadt dank des Heilschlamms aus der Ostsee zum Kurort erhoben. Die russischen Zaren suchten hier Ruhe und Erholung, ebenso prominente Gäste wie der russische Komponist Peter Tschaikowski (1840–93).

 Sehenswert

Bahnhof
| Architektur |

Anlässlich eines Zarenbesuchs wurde im Jahr 1906 der Bahnhof errichtet, der wegen seiner Holzarchitektur sehenswert ist und das Eisenbahn- und Kommunikationsmuseum beherbergt.

■ Raudtee- ja sidemuuseum, Raudtee 2, Mai–Aug. tgl. 10–18, sonst Fr–So 10–16 Uhr, 4 €, erm. 3 €

Domkirche
| Kirche |

Inmitten eines Parks liegen die Ruinen der Bischofsburg (Piiskopilinnus), deren Südflügel die Domkirche (Toom kirik) aus dem 13. Jh. einbezieht. Sie ist die größte einschiffige Kirche des Baltikums. Im Innenraum verbinden sich Romanik und Gotik. Das angrenzende Baptisterium (1300) stellt in der nordeuropäischen Kirchenarchitektur eine Ausnahme dar. Hier ist Estlands berühmtestes Gespenst zu Hause. Die Legende der Weißen Dame besagt, dass sich im 14. Jh. ein Mönch in eine Dorfschönheit verliebt und sie als Chorjunge verkleidet in die Bischofsburg eingeschleust hatte. Der Schwindel flog auf: Der Mönch landete im Verlies, seine Angebetete wurde lebend eingemauert. Seither zeigt sich die Dame bei Vollmond im August als weißer Schatten am Fenster der Taufkapelle. Kritische Geister wissen, dass ein besonders niedriger Mondstand und Lichtspiegelungen für die wundersame Erscheinung sorgen.

■ Toom kirik, Mai, Sept. tgl. 10–16, Juni–Aug. tgl. 10–18 Uhr

Schon russische Zaren genossen die Idylle des Strandbads Haapsalu

Ilons Wunderland
| Museum |

Haapsalus Altstadt verströmt mit ihren bunt gestrichenen Holzhäuschen einen gewissen »Bullerbü-Charme«. Dieser inspirierte offensichtlich auch Ilon Wikland (*1930), die als Illustratorin der Kinderbuchautorin Astrid Lindgren bekannt wurde. Sie verbrachte die Sommer ihrer Kindheit in dem gelben Haus in der Linda tänav 6 und wird hier mit einem eigenen Museum (Iloni Imedemaa) geehrt.

■ Kooli 5, www.ilon.ee, Mi–So 11–17 Uhr, Mai–Sept. 6 €, sonst 5 €

Promenade
| Uferweg |

Die Promenade führt vom Afrikastrand (Aafrikarand) vorbei am Kursaal (Kuursaal), einem schön verzierten Holzbau von 1898, zur Tschaikowski-Bank, auf der der russische Komponist häufig saß und der Melodie des Meeres lauschte.

Restaurants

€ | Müüriääre Café Gemütliches Café-Restaurant in der Altstadt. ■ Karja 7, Tel. 473 75 27, www.muuriaare.ee

€€ | Blue Holm Internationale Küche bei schönem Meerblick. ■ Sadama 9/11, Tel. 472 44 16, www.laine.ee

Kinder

Ilons Wunderland Das überaus kinderfreundliche Museum (s. o.) bietet Raum zum Malen und Basteln, lädt dazu ein, Astrid Lindgrens Figuren zu begegnen, und in den wärmeren Monaten können sich Kinder zudem im Garten austoben.

Übernachten

Tallinn bietet eine Vielzahl an Übernachtungsmöglichkeiten, die aber in der Hochsaison ihren mitunter hohen Preis haben. Ein luxuriöses Angebot an Hotels gibt es auch in Pärnu und auf Saaremaa. Auf dem Land lässt es sich deutlich günstiger unterkommen, oft sind auch Übernachtungen in herrlich restaurierten Gutshäusern erschwinglich.

Tallinn 18

€ | **Center Hotel** In einer viel befahrenen Straße, etwa zehn Gehminuten von der Altstadt entfernt, bietet dieses eher einfache Hotel für Tallinn unschlagbare Preise. ■ Narva mantee 24, Tel. 51 94 52 02, www.centerhotel.ee

€€ | **Metropol** Großes, angenehmes Hotel im Rotermannviertel zwischen Altstadt und Passagierhafen. ■ Roseni 13, Tel. 667 46 68, www.metropol.ee

€€€ | **L'Ermitage** Modernes und komfortables Hotel in unmittelbarer Nähe des Domberges. ■ Toompuiestee 19, Tel. 69 96 40 0 www.lermitagehotel.ee

€€€ | **Three Sisters Hotel** Exquisites Boutiquehotel im historischen Häuserensemble. ■ Pikk 71/Tolli 2, Tel. 630 63 00, www.threesistershotel.com

Palmse 30

€€ | **Park-Hotel Palmse** 27 Zimmer in stilvollem Ambiente. Das Restaurant bietet bodenständige estnische Küche. ■ Auf dem Gelände des Gutshofs Palmse, Tel. 322 36 26, www.phpalmse.ee

Narva 32

€ | **King** Familiär geführtes Hotel mit ordentlichen Zimmern. ■ Lavretsovi 9, Tel. 357 24 04, www.hotelking.ee

Peipussee 33

€ | **Kauksi Rand** Kleine romantische Sommerhäuschen für 2 bis 3 Pers. am Seeufer, sehr einfach ausgestattet, Toilette und Bad in separatem Gebäude. ■ Kauksi, Tel. 339 38 35, www.kauksirand.ee, nur Juni–Aug.

Tartu 34

€€ | **Domus Dorpatensis** Hübsche und preisgünstige Gästewohnungen in einem historischen Gebäude mitten im Zentrum stellen eine echte Alternative zum Hotel dar. ■ Raekoja plats 1/Ülikooli 7, Tel. 733 13 45, www.dorpatensis.ee

€€ | **Draakon** Stilvolles Hotel mit Restaurant in Tartus Altstadt am Rathausplatz. ■ Raekoja plats 2, Tel. 744 20 45, www.draakon.ee

€€€ | **London** Exzellentes Hotel für anspruchsvolle Gäste in der Fußgängerzone Tartus. ■ Rüütli 9, Tel. 730 55 55, www.london.tartuhotels.ee

Viljandi 41

€ | **Academus Hostel** Günstige, zentrale und gepflegte Unterkunft, deren Zweibettzimmer über eigene Bäder verfügen. ■ Väike 6, Tel. 53 06 66 20, www.academus.ee/viljand

Pärnu 41

€€€ | **Ammende Villa** In der 1905 er-
richteten Jugendstilvilla kann man
heute in Nähe des Meeres stilvoll lo-
gieren und auch speisen. ■ Mere pst. 7,
Tel. 447 38 88, www.ammende.ee
€€€ | **Rannahotell** Herrliches, strah-
lend weißes Strandhotel – man neh-
me ein Zimmer mit Meerblick und
genieße. ■ Ranna pst. 5, Tel. 444 44 44,
www.rannahotell.ee

Muhu 44

€€€ | **Pädaste Mõis** Naturverbunde-
nes, exklusives Hotel am Meer mit
ausgezeichnetem Restaurant. ■ Pädaste, Tel. 454 88 00, www.padaste.ee

Saaremaa 45

€€ | **Loona Mõis** Stattliches Gutshaus
mit 20 Gästezimmern, Kaminzimmer,
Restaurant. Touren in den Vilsandi–
Nationalpark. ■ Loona küla, Tel. 454 65
10, www.loonamanor.ee
⑨ €€ | **Pilguse Mõis** Familiäres,
ruhig gelegenes Gästehaus in
einem historischen Gutshof. Hier
wurde Fabian von Bellinghausen
(1778–1852), bedeutender Seefahrer
und Entdecker der Antarktis, geboren. Heute können Urlauber hier
u. a. die wohltuende Tradition der
estnischen Sauna für sich entdecken.
■ Pilguse, Jõgela, Tel. 454 54 45, www.
pilguse.ee
€€ | **Spa Hotel Meri** Modernes Hotel
mit Pool und Wellness-Angeboten in
der Nähe von Burg und Jachthafen
mit. Gutes Preis-Leistungs-Verhältnis.
■ Pargi 16, Kuressaare, Tel. 452 21 00,
www.saaremaaspahotels.eu

Hiiumaa 48

€€ | **Dagen Haus** Exklusives, modern
ausgestattes Gästehaus in einem
1840 erbauten Gutshaus auf der
kleinen Nachbarinsel Kassari an der
Südküste. ■ Orjaku, Tel. 518 25 55,
www.dagen.ee

Haapsalu 50

€€€ | **Baltic Hotel Promenaadi** Einfa-
che, aber komfortable Zimmer mit
toller Aussicht aufs Meer. ■ Sadama 22,
Tel. 473 72 50, www.promenaadi.ee.

ADAC *Das besondere Hotel*

Übernachten wie die Windsors:
Graf Friedrich Georg von Berg ließ
Schloss Sangaste 1874 im Süden Estlands nach dem Vorbild des britischen
Königsschlosses errichten. Im Schloss
mit seinen 99 – teils noch in Renovierung befindlichen – Zimmern können
u. a. der Ballsall und der Speisesaal besichtigt werden, außerdem lädt der
Schlosspark zu einem Rundgang ein.
*€€€ | Lossiküla, Tel. 529 59 11, www.
sangasteloss.com*

Lettland

Von der quirligen Hauptstadt Riga über ländliche Schlösser und Burgen bis zu Traumstränden an der Ostsee

Stärker noch als in den baltischen Nachbarstaaten ist die Hauptstadt Riga das unbestrittene politische, wirtschaftliche und kulturelle Zentrum des Landes. Jeder zweite Lette lebt in oder um die Metropole, für deren Erkundung Urlauber sich nach Möglichkeit mehr als nur einen Tag nehmen sollten. Und wenn zwischen Altstadt und Jugendstilviertel einmal die Füße schmerzen, ist es nur eine kurze Bahnfahrt an Rigas Stadtstrand Jūrmala. Jugendlich, kreativ und strandnah gibt sich Liepāja, Lettlands drittgrößte Stadt. Keinesfalls versäumen sollten Reisende zudem zauberhafte Kleinstädte wie Talsi, Lettlands Burgen und Schlösser sowie die wildromantische und atemberaubende Natur in den Nationalparks des Landes.

In diesem Kapitel:

ADAC Top Tipps:

4 **Schwarzhäupterhaus, Riga**
| Architektur |
Ursprünglich im 14. Jh. errichtet, später völlig zerstört und wieder neu aufgebaut: Am Rathausplatz steht seit Jahrhunderten das Schmuckstück und Wahrzeichen Rigas. 64

5 **Alberta iela, Riga**
| Straße |
Reich verzierte Balkone, Säulen und Skulpturen: Eine Fassade ist prachtvoller als die nächste in der Hauptstraße von Rigas berühmtem Jugendstilbezirk in der Neustadt. 67

6 **Strand von Jūrmala**
| Badestrand |
Ob allein mit der Natur oder mitten im Trubel: An 40 km Sandstrand findet jeder das passende Plätzchen für sich – erreichbar in weniger als einer Stunde Fahrt von der Hauptstadt. 70

16

ADAC Empfehlungen:

16 Riga

Aufbruchstimmung zwischen Backsteingotik und Jugendstil

Ein Blickfang am Rathausplatz von Riga ist das berühmte Schwarzhäupterhaus

ℹ Information

 Rīgas Tūrisma Informācijas Centrs (TIC), Rātslaukums 6, 1050 Riga, Tel. 67 03 79 00, www.liveriga.com, Mai–Sept. tgl. 9–19, sonst 10–18 Uhr, Zweigstellen Kalķu iela 16, am Busbahnhof sowie im Flughafen

 Parken: siehe S. 64 und 68

Lettlands Hauptstadt Riga (lettisch Rīga) ist mit etwa 1 Mio. Einwohnern in ihrem Einzugsgebiet die größte Stadt des Baltikums. Mehr noch: Sie ist seine einzig wirklich Metropole. Wichtiger Wirtschaftsfaktor Rigas ist der modern ausgebaute Container- und Fährhafen.

Der Bremer Bischof Albert von Buxthoeveden (ca. 1165–1229) landete 1200 mit einem Kreuzfahrerheer an der Mündung der Daugava (Düna). Ein Jahr später gründete er die Stadt Riga und 1202 zu deren Schutz sowie für weitere Eroberungen im Baltikum den Schwertritterorden. Dermaßen gesichert bot Riga als Hafen und Handelsplatz auch deutschen Kaufleuten ein Tor zum Osten. 1282 trat Riga der Hanse bei. Durch den wirtschaftlichen Erfolg wurden die Rigaer Bürger immer selbstbewusster, sodass es wiederholt zu Auseinandersetzungen mit dem Bischof und dem Orden kam. Die deutsche Oberschicht der Kaufleute prägte

Plan
S. 58/59

 Sehenswert

1 Dom
| Kirche |

Der Rigaer Dom (Rīgas Doms) ist das dominierende Bauwerk auf dem zentralen Domplatz (Doma laukums). Er ist der größte Sakralbau des Baltikums. Den Grundstein legte Bischof Albert im Jahr 1211. Die gewaltige, mehrfach umgebaute Backsteinkirche spiegelt die verschiedenen im Baltikum wirksamen Einflüsse der Gotik, der Renaissance und des Barock wider.

Die Einrichtung des Doms ging größtenteils während der Reformation verloren. Sehenswert sind die herrliche barocke Kanzel und die mit einem Prospekt von 1601 verzierte Walcker-Orgel von 1884. Mit ihren 6718 Pfeifen und 124 Registern über neun Oktaven bietet sie ein einzigartiges Klangerlebnis. In der Krypta des Doms ruht u. a. der Stadtgründer Bischof Albert.

■ Doma laukums, www.doms.lv, Mai–Sept. Sa–Di 9–18, Mi, Fr 9–17, Do 9–17.30, Okt.–Juni tgl. 10–17 Uhr

ADAC *Mittendrin*

Auch heute gibt es in Riga noch eine kleine **deutschsprachige evangelische Kirchengemeinde**, die ihren Gottesdienst sonntags um 10 Uhr (außer am 1. So des Monats) im Dom feiert. Im Anschluss trifft sich das bunte Häuflein von Ortsansässigen, Rigaern auf Zeit und Touristen zum Kaffee – hier kommt man schnell ins Gespräch. *www.kirche.lv*

das Stadtbild nachhaltig, sie ließ Kirchen, Handelskontore, Speicher, Bürger- und Gildehäuser errichten. Obwohl Riga später zu Polen (1581–1621), dann zum schwedischen Königreich und ab 1710 zu Russland gehörte, blieb Deutsch bis 1891 die Amtssprache.

Die Altstadt

Ein Spaziergang durch Jahrhunderte hanseatischer Geschichte

Die Rigaer Altstadt zeigt auf engem Raum bemerkenswert viele Stile, von der Romanik und Gotik über die Renaissance, den Barock und Klassizismus bis zum Historismus.

Riga

a b c

Kuģu remontu bāze

Andrejosta

iela

Eksporta

Kuğu remontu bāze

Vidus

Veru iela

iela

Ug

Dzirnavu

iela

Rīgas pasažieru osta
(Passagierhafen)

Sakaru
iela

Auseklā

Jaunā
baptistu
baznīca

Rūpniecības

Vilandes

Latvijas
Akadēmiskā
bibliotēka

Mednieku iela

Pulkveža Brieža

Kalpaka

Strēlnieku

Elizabetes

Jūras
akadēmija

Kronvalda

Rīgas Brīvostas
pārvalde

Medicīnas
muzejs

Anatomijas
muzejs

Balasta

dambis

Citadeles

RTU tenisa
laukumi

Miķeļa

Ave Sol,
koncertzāle
Petēra-Pāvila
baznīca

KRONVALDA

PARKS

LU Bioloģijas
fakultāte

Kongresu
nams

Rīgas Do

iela

Eksporta

Republikas laukums

Zemkopības RTU enerģētikas
ministrija un electrotehnicas
fakultāte

vidusskola

Nacionālais
teātris

Vidussk

Mazā Balasta

dambis

iela

Kīpsalas
peldbaseins

iela

Nometnu

iela

Muitas

Rīgas muita

Rīgas
Valsts
tehnicums

K. Valdemāra

Jēkaba

Bastei

Pils

Vanšu tilts

Pils

Torņa iela

Latvijas
Banka

Jēkaba
iela laukums

Saeima

Klostera

Schwede
tor

Aldaru

Smilšu

M

iela

iela

Balasta

dambis

Schloss **5**

Daugavas
gate

Poļu gate

M. Pils

Polutorna iela

6

7

Sāpju
dievmātes
baznīca

Drei
Brüder

4

Doma laukums

Miesnieku

iela

Pils

Dom

3

Rīgaer
Börse

Skārņu iela

Lielais Kristaps

VECRĪGA

Herder-
Denkmal

2

1

Dom

Grēcinieku

iela

Preses nams

Ağenskalna līcis

Daugava

Balasta

dambis

A-B dambis

11. novembra

Rīgas vēstures
un kuğniecības
muzejs

Pils

Palasta

Kalēju

Jauniela

Eckes Kon

i

Kungu

k

4

15

Sch
hä

16

Kabata

Lettisches
Okkupationsmuseum
(derzeit geschlossen)

Marupīte

Āzene

KLĪVERSALA

Latvijas
Jūras
administrācija

Kuğu iela

Kuğu iela

Staraja Rusas

Valguma iela

Kuğu iela

iela

Akmens tilts

Rūpniecības

Piemineklis 190
gada cīnītājien

kras

UZVARAS

Trijādības

Slokas   iela

dambis

Rīgas
Valdorfskola

Valguma iela

Kuğu iela

bulvāris

Valguma iela

Akmeņu
iela

Latvijas
Nacionālā
bibliotēka

Dzelzceļa
vēstures muzejs

0   300 m

a b c

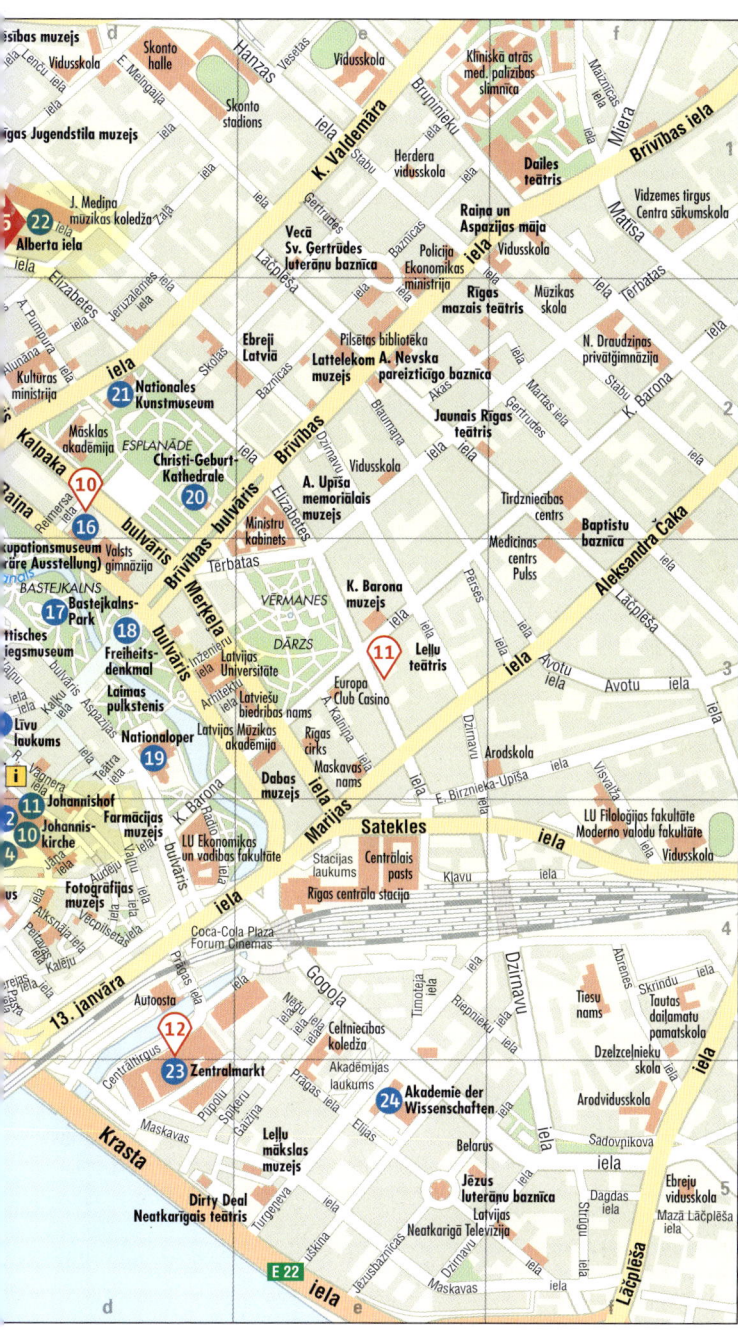

Herder-Denkmal
| Denkmal |

Vor dem Dom erinnert das Herder-Denkmal (Herderas piemineklis) an den humanistischen Philosophen und Dichter Johann Gottfried Herder (1744–1803), der fünf Jahre an der Rigaer Domschule wirkte. Die Letten verehren ihn bis heute, u. a. weil er 1778/79 einige ihrer Volkslieder in seine »Auswahl von Liedern aller Völker« aufnahm.

 Rigaer Börse
| Museum |

In der restaurierten Börse am Domplatz wurde 2011 das Kunstmuseum Rigaer Börse (Mākslas muzejs Rīgas Birža) eingerichtet. Das massige, fünfstöckige Börsengebäude wurde 1852–55 nach Plänen des Deutschbalten Harald Julius von Bosse (1812–94) im Stil eines venezianischen Renaissancepalastes errichtet. Die hohen, lichten Räume beeindrucken mit viel Marmor,

Stuck und Gold. Die Dauerausstellung mit europäischer Malerei des 16.–19. Jh., einer Porzellansammlung des 18.–20. Jh., einem Silberkabinett und ostasiatischer Kunst des 19. Jh. wird ergänzt durch Wechselausstellungen.

■ Doma laukums 6, www.rigasbirza.lv, Di–So 10–18, Fr bis 20 Uhr, 6 €, erm. 3 €

 Drei Brüder
| Gebäudeensemble |

In der Mazā Pils iela schmiegen sich drei Häuser aneinander, die unter dem Namen »Drei Brüder« (Trīs brāļi) bekannt sind – in Anlehnung an die »Drei Schwestern« in Tallinn (S. 22). Das pittoreske Ensemble entstand zwischen dem 15. und 18. Jh. Das rechte Gebäude (Nr. 17) mit Mantelschornstein, gotischen Nischen und Staffelgiebel ist das älteste Wohnhaus der Stadt. Allein wegen der historischen Räumlichkeiten lohnt ein Besuch des hier beheimateten Architekturmuseums.

■ Latvijas Arhitektūras muzejs, www.archmuseum.lv, Mo 9–18, Di–Do 9–17, Fr 9–16 Uhr, Eintritt frei

ADAC *Mobil*

Rigas Zentrum kann gut **zu Fuß** erkundet werden, wer kann, lässt das Auto stehen. **Busse** und **Straßenbahnen** (www.rigassatiksme.lv) verkehren tgl. 5.30–23.30 Uhr, außerdem gibt es einige Nachtlinien im Stundentakt. E-Tickets am Kiosk, Einzelfahrscheine beim Fahrer sind teurer. Der Rigaer **Flughafen** (Lidosta Rīga) ist mit dem Zentrum über die Buslinie 22 und die Minibuslinie 222 verbunden (regulärer Fahrpreis, Haltestelle am Rand der Altstadt, 13. Janvāra iela). Einheitlicher **Taxiruf** Tel. 88 08. Darauf achten, dass der Fahrer den Taxameter anstellt.

 Rigaer Schloss
| Schloss |

Das Rigaer Schloss (Rīgas pils) errichteten die Ordensritter am Fluss, außerhalb der Stadtmauern, nachdem die selbstbewussten Rigaer Bürger 1297 ihre Burg im Zentrum der mittelalterlichen Altstadt zerstört hatten. Im Jahr 1448 rebellierten die Bürger abermals gegen die Macht der Ordensritter. Anschließend wurde das schwer beschädigte Schloss um den mächtigen Heiliggeistturm und den Bleiturm ergänzt, die seitdem die Anlage akzentuieren. Heute ist das Schloss Sitz des lettischen Präsidenten.

■ Pils laukums 3

Pure Gemütlichkeit verströmt die Altstadt rund um den Livenplatz

Saeima
| Parlamentsgebäude |

Das Haus der Livländischen Ritterschaft ist ein Werk des Historismus. Der Rigaer Architekt Jānis Baumanis (1834–91) verwendete in seinen Entwürfen Formen der florentinischen Renaissance. In dem Gebäude tagt, wie schon 1919–34, seit 1991 das lettische Parlament (Saeima).

■ Jēkaba iela 11

Schwedentor
| Historisches Stadttor |

Einst führten 25 Stadttore nach Riga, erhalten ist als einziges das Schwedentor (Zviedru vārti), das die Schweden 1698 durch ein mittelalterliches Wohnhaus brachen.

■ Ecke Torņa/Aldaru iela

8 Lettisches Kriegsmuseum
| Museum |

Der imposante Pulverturm (Pulvertornis) belegt, wie mächtig die Anlage war, die Riga früher umgab. Im Mittelalter sicherten 28 solcher Türme die Stadt. Heute zeigt hier das informative Lettische Kriegsmuseum (Latvijas Kara muzejs) Waffen und Dokumente der blutigen Geschichte des Landes.

■ Smilšu iela 20, www.karamuzejs.lv, April–Okt. tgl. 10–18, sonst bis 17 Uhr, Eintritt frei

9 Livenplatz
| Platz |

Der parkähnliche Livenplatz (Līvu laukums) ist ein beliebter Treffpunkt, um in einer der zahlreichen umliegenden Kneipen ein Bier zu trinken. Sehenswert sind seine Gildehäuser. Die Gilden stellten im gesellschaftlichen Leben des 13.–20. Jh. wichtige Institutionen dar. Deutschstämmige Kaufleute, Juweliere und Schriftgelehrte waren in der Großen Gilde, Handwerker in der Kleinen Gilde organisiert. Letten und Liven hatten keinen Zutritt. Davon zeugt auch das Katzenhaus (Kaķu mā-

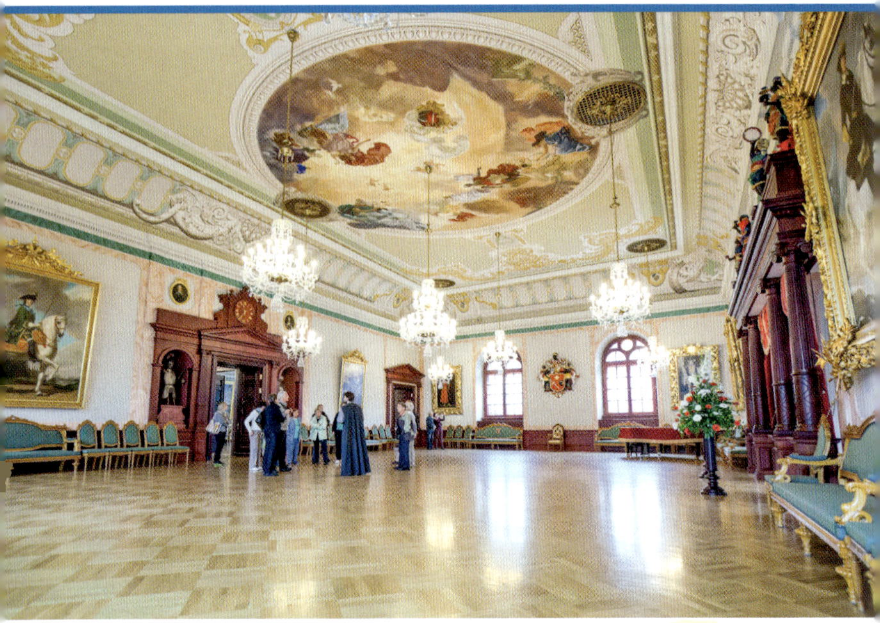

Der Festsaal im Schwarzhäupterhaus präsentiert sich in prunkvollem Neobarock

ja), das ein lettischer Kaufmann 1909 gegenüber dem Haus der Großen Gilde erbaute, nachdem ihm diese die Aufnahme verweigert hatte. Eine der zwei Katzen auf dem Dach zeigte den Gildebrüdern unverschämt das Hinterteil. Die empörten deutschen Kaufleute handelten daraufhin mit dem Letten einen Kompromiss aus: Man würde ihn aufnehmen, wenn er die Katze umdrehe. Das Haus der Großen Gilde (Lielā Ģilde) beherbergt heute die Lettische Philharmonie (www.lnso. lv). Mitte des 19. Jh. bekam das Haus eine Fassade im neogotischen Stil. Das Haus der Kleinen Gilde (Mazā Ģilde) auf der anderen Straßenseite wurde 1864–66, auch im neugotischen Stil, erbaut und diente den Handwerkern als Versammlungsort.

■ Mazā Ģilde, Amatu iela 5, Tel. 67 22 37 72, www.gilde.lv/maza, Führungen auf Anfrage Juni–Aug.

⑩ Johanniskirche
| Kirche |

Die Johanniskirche (Jāņa baznīca) wurde 1234 als Kapelle eines Dominikanerklosters errichtet. Heute präsentiert sich die Kirche im Wesentlichen als spätgotischer Bau des ausgehenden 15. Jh. Mit dem für Riga einzigen Treppengiebel an einem Sakralbau liefert sie ein wunderschönes Beispiel der Backsteingotik. An der Südseite zur Skārņu iela markiert ein Kreuz jene Stelle, an der sich Mitte des 15. Jh. zwei Mönche einmauern ließen und damit ihr Leben opferten – für einen segensreichen Bestand der Kirche. Andere Funde von aufrecht stehenden Skeletten in Kirchengemäuern belegen, dass dieser doch eher heidnischen Traditionen verpflichtete Opferbrauch in Lettland häufiger vorkam.

■ Jāņa iela 7, Di–Sa 10–17, So 10–12 Uhr

Johannishof
| Hofgefüge |

An die Johanniskirche grenzt das ehemalige Gelände des Dominikanerklosters. Teile des alten Kreuzgangs sowie ein hölzerner Wehrgang der alten Stadtmauer bilden den verwinkelten Johannishof (Jāṇa sēta), heute pittoresker Treffpunkt für Musiker und Maler, die ihre Gemälde den Passanten anbieten.

 Eckes Konvent
| Architektur |

Eckes Konvent (Ekes konvents) diente nach seiner Fertigstellung 1435 zunächst als Nachtasyl. Ende des 16. Jh. wurde er auf Initiative des Rigaer Ratsherrn Nikolai Ecke zu einem Witwenheim umgebaut, in dem bis 1939 wohlhabende Kaufmannswitwen lebten. An der Fassade hat sich ein bemerkenswertes Sandsteinrelief von 1618 erhalten, das »Christus und die Sünderin« zeigt und wahrscheinlich das Werk eines niederländischen Meisters ist. Hier und im benachbarten Konventshof (Konventa sēta) befinden sich heute ein Hotel, Cafés und Geschäfte.

■ Skārņu iela 22

 Georgenkirche
| Architektur |

In die schöne mittelalterliche Häuserzeile der Skārņu iela schmiegt sich die frühere Georgenkirche, in deren Mauern das Museum für dekorative Kunst und Design (Dekoratīvās mākslas un dizaina muzejs) zog. Das älteste Steinhaus Rigas ist als Sakralbau kaum zu erkennen. Die 1205 erstmals erwähnte Kirche gehörte zur ersten Ordensburg, die Rigas Bürger 1297 zerstörten. Sie überstand den Volkszorn zwar unbeschadet, wurde jedoch nach der Reformation als Lager und Speicher genutzt. Die Architektur ist weitaus interessanter als die dem lettischen Kunsthandwerk gewidmete Ausstellung.

■ Skārņu iela 10/20, www.lnmm.lv, Di–So 11–17, Mi bis 19 Uhr, 3,50 €, erm. 2 €

 Petrikirche
| Aussichtspunkt |

Die im Auftrag der stolzen Rigaer Bürgerschaft seit dem 13. Jh. errichtete Petrikirche (Pētera baznīca) bestimmt die Silhouette der Altstadt. Formen der Backsteingotik ergänzen sich mit barocken Elementen zu einer stattlichen Architektur. Der Turm der Petrikirche war mit 136 m der höchste der Stadt und löste in Riga einen Wettstreit aus. Um nicht ins Hintertreffen zu geraten, sah sich der Bischof gezwungen, den Turm des Doms nachträglich um zwei Geschosse aufzustocken. Der Turm der Petrikirche brach jedoch 1666 zusammen und wurde durch den oktogonalen Turm mit offener Galerie ersetzt, den man heute sieht. Man sollte unbedingt im Lift nach oben fahren, denn das Panorama Rigas ist aus 121 m Höhe atemberaubend. Allerdings handelt es sich bei dem Turm nicht um das Original, denn als die Deutschen Riga im Zweiten Weltkrieg bombardierten, wurde die Kirche völlig zerstört. Von der Inneneinrichtung konnten nur ein paar Gedenktafeln und Epitaphen gerettet werden, sodass man heute einen großen, nüchtern gestalteten Raum er-

ADAC *Spartipp*

Viele Rigaer Restaurants bieten um die Mittagszeit ein »Business Lunch« an – eine Gelegenheit, gut und gleichzeitig günstig zu essen.

lebt, in dem regelmäßig Wechselausstellungen stattfinden.

■ Reformācijas laukums 1, www.peter baznica.riga.lv, Mai–Aug. Di–Sa 10–19, So 12–19 Uhr, Sept.–April Di–Sa 10–18, So 12–18 Uhr, Turmbesichtigung 9 €, erm. 7 € (Kasse schließt 1 Std. früher), Konzerte Di 18 Uhr

 Schwarzhäupterhaus
| Architektur |

 Ein prächtiges Gebäude mit wechselvoller Geschichte

Am Rathausplatz (Rātslaukums) fällt weniger das nach Plänen von 1750 wieder aufgebaute Rathaus auf als das berühmte Schwarzhäupterhaus (Melngalvju nams) mit dem hohen Giebel und der schmucken Backsteinfassade. Dabei handelt es sich um eine glänzende Rekonstruktion. Das Schwarzhäupterhaus wurde bei den deutschen Bombenangriffen 1941 völlig zerstört und erst zum 800. Geburtstag Rigas 2001 wieder aufgebaut. Das ursprünglich 1334 als »Neues Haus« im gotischen Stil errichtete Versammlungshaus aller Gilden wurde zwischen dem 16. und 19. Jh. mehrmals umge-

ADAC *Wussten Sie schon?*

Als stolzes Wahrzeichen der Freien Hansestadt Riga posiert auf dem Rathausplatz der **Roland**. Von seiner Schwertspitze aus wurden früher die Entfernungen im Land gemessen. Auf den ersten Blick nicht ins Auge fällt auf dem Platz dagegen eine Metalltafel, die daran erinnert, dass in Riga 1510 der **erste Weihnachtsbaum** der Welt gestanden haben soll. Allerdings erheben hierauf auch andere Städte Anspruch, darunter Tallinn.

baut. Die Reliefs Mariens und des hl. Mauritius, des dunkelhäutigen Schutzpatrons der Schwarzhäupter, flankieren seit 1522 das Eingangstor, das die Formensprache der Renaissance erkennen lässt. Im 17. Jh. wurde die Fassade nach dem Vorbild flämischer Zunfthäuser manieristisch überarbeitet. Im Inneren besitzt es einen prächtigen Festsaal mit neobarockem Dekor.

■ Rātslaukums 7, www.melngalvjunams. lv, Di–So 11–18 Uhr, 6 €, erm. 3 €

Okkupationsmuseum
| Museum |

Jahrzehnte wechselnder Besatzungen museal aufgearbeitet

Der schwarze Klotz des Okkupationsmuseums (Latvijas Okupācijas muzejs), der aus Sowjetzeiten stammt, riegelt den Rathausplatz zur Daugava hin ab. Früher diente die Sammlung der Verherrlichung des Bolschewismus. Seit Lettlands Unabhängigkeit bemüht man sich, das Trauma der dreifachen Okkupation – Sowjetunion 1939, Deutschland 1941, wieder Sowjetunion 1944 – angemessen zu dokumentieren. Davor erinnert das Denkmal für die Lettischen Schützen (Latviešu strēlnieku laukums) an die Freiwilligen, die für die Revolution kämpften.

■ www.occupationmuseum.lv, Mai–Sept. tgl. 11–18, Okt.–April Di–So 11–17 Uhr, Dauerausstellung derzeit wg. Umbau geschl., eine kleine temporäre Ausstellung findet sich in der Nähe des Bastejkalns-Parks am Raiņa bulvāris 7, Eintritt frei

P Parken

Der größte Teil der Rigaer Altstadt gehört zur Parkzone R (1. Std. 5 €, jede weitere Std. 8 €). An den Rändern der

Das Okkupationsmuseum dokumentiert die wiederholte Besatzung Lettlands

Altstadt, in Zone A, ist es etwas günstiger (1. Stunde 2,50 €, jede weitere Std. 3 €). Am preiswertesten für längeres Parken ist das Parkhaus Jacobs Arcade: Z. A. Meierovica bulv. 8 (3 € pro Std., 24 Std. 15 €).

 Restaurants

€€ | Pētergailis Kleines, familiär geführtes Restaurant mit lettischen Gerichten. ■ Skārņu iela 25, Tel. 67 21 28 88, www.petergailis.com, Plan S. 58/59 d4

€€€ | Rozengrāls Mittelalterlich gestyltes Restaurant in einem urigen Keller, in dem deftige Gerichte serviert werden. ■ Rozena iela 1, Tel. 67 22 03 56, www.rozengrals.lv, Plan S. 58/59 c3

 Einkaufen

Laima Beliebtes Mitbringsel aus Lettland ist die in Riga produzierte Schokolade der Traditionsfimra Laima. ■ Kaļķu iela 28, www.laima.lv, Plan S. 58/59 d3

Konzerte

Lettische Philharmonie Ein Besuch in den Räumen der Großen Gilde lohnt aus musikalischer wie aus architektonischer Sicht. ■ Amatu iela 6, Tel. 67 21 36 43, www.lnso.lv, Plan S. 58/59 d3

Kneipen, Bars und Clubs

B-bārs Schicke Bar, in der man sich abends trifft. ■ Doma laukums 2, www.bbars.lv, Plan S. 58/59 c3

Depo Alternativer Musikclub mit ambitionierten DJs. ■ Vaļņu iela 32, www.klubsdepo.lv, Plan S. 58/59 d4

Pūce Einer der angesagtesten Clubs der Stadt mit einer guten Cocktailbar. ■ Peldu iela 26, www.puceklubsnakti.lv, Plan S. 58/59 c4

Die Neustadt

*Architektonische Entdeckungsreise
jenseits der alten Stadtmauer*

Riga ist Europas Zentrum des Jugendstils – noch vor Städten wie Barcelona
oder Wien verfügt die Ostseemetropo-
le über die größte Anzahl üppig ver-
zierter Jugendstilfassaden in Europa.
Dort, wo in früheren Jahrhunderten
Wälle die Altstadt abgrenzten, erstrecken sich heute Parks und Boulevards.

Sehenswert

Bastejkalns-Park
| Park |

Anstelle des Mitte des 19. Jh. abgetra-
genen Stadtwalls wurde ein Grüngür-
tel, der Bastejkalns-Park, angelegt und
der Wassergraben wurde zum Stadt-
kanal (Pilsētas kanāls). Großzügige
Boulevards folgen dem Bogen der
Grünanlagen.

Freiheitsdenkmal
| Denkmal |

Von der Alt- zur Neustadt führt der
Brīvības bulvāris. Mittendrin wurde
1935 das Freiheitsdenkmal (Brīvības
piemineklis) aufgestellt. Die »Mutter
Lettlands« hält drei Sterne für die drei

ADAC *Mittendrin*

Vielleicht nirgendwo spürt man
den Geist Rigas so wie in der
Tērbatas iela, die hinter dem
Freiheitsdenkmal linkerhand vom
Brīvības bulvāris abgeht. Hier reiht
sich ein kleiner Blumenstand an
den nächsten – und da Letten zu
jeder Tages- und Nachtzeit Blumen
verschenken, haben viele auch
rund um die Uhr offen.

Landesteile Kurzeme, Vidzeme und
Latgale in den Himmel. Es grenzt an
ein Wunder, dass die nach der Frau ihres Schöpfers Kārlis Zāle auch »Milda«
genannte, 42 m hohe Statue noch
steht, denn den Sowjets war sie ein
Dorn im Auge. Doch scheinbar flößte
Mildas Pathos selbst ihnen Respekt
ein. Man findet immer frische Blumen
am Denkmal, das für die Letten von
größter Bedeutung ist.

Nationaloper
| Architektur |

Im Süden des Boulevardbogens
strahlt die blendend weiße klassizistische Nationaloper (Latvijas Nacionālā
Opera), die 1863 als »Deutsches Theater« erbaut wurde und heute Opern-
und Ballettproduktionen zeigt.

■ Aspazijas bulv. 3, Tel. 67 07 38 20 (Führungen), www.opera.lv

Christi-Geburt-Kathedrale
| Kirche |

Im Esplanāde-Park am Brīvības bulvāris
erhebt sich die orthodoxe Christi-
Geburt-Kathedrale (Kristus dzimšanas
katedrāle). Der 1876–84 entstandene
mächtige Kuppelbau wurde jahrzehn-
telang als Planetarium und Haus des
Wissens zweckentfremdet. Heute ist
die Kirche wieder der Mittelpunkt der
russischen Gemeinde in Riga.

■ Brīvības bulv. 23

21 Nationales Kunstmuseum
| Museum |

In den Grünanlagen des Esplanāde-
Parks liegt auch das Nationale Kunstmuseum (Latvijas Nacionālais mākslas
muzejs), für das 1873 ein neobarocker
Bau errichtet wurde. Die älteste Sammlung bildender Kunst in Lettland zeigt
Werke baltischer und russischer Künst-

Im Blickpunkt

Jugendstil – Das »Reich der Schönheit«

Erker, Türmchen, Balkone und Säulen, runde und elliptische Fenster, Medusenhäupter und Sphinxe, tragische und dämonische Masken, Löwen und Volkshelden, Blumen und Blätter, Vasen und Amphoren, Karyatiden und Atlanten – eigentlich müssten die Häuser in der Alberta iela stöhnen unter diesem Gewicht. Ein Feuerwerk fantastischer Formen, das vor allem der Architekt Michail Eisenstein (1867–1921), der Vater des berühmten Filmregisseurs Sergej Eisenstein, an den Fassaden seiner Anfang des 20. Jh. errichteten Häuser (Nr. 2, 2a, 4, 6, 8 und 13) entzündet hat.

Die Jugendstilbauten sollten den Alltag zum Fest der Sinne werden lassen, eine Blumen und Blätter umschlungene Glanzwelt schaffen jenseits vom Dröhnen der Städte, der Industriebetriebe und des modernen Verkehrs. Allerdings beschränkt sich die Explosion der Formen in Riga – anders als in Wien oder Barcelona – fast nur auf die Fassaden, während die architektonische Gliederung der meisten Häuser traditionell, zweckmäßig bleibt. Der hiesige Jugendstil schafft eher eine Kulisse, als dass er die Bauten durchdringt. Dafür reichte offenbar die Zeit nicht.

Riga hatte es mit seiner Modernität sehr eilig, ging sie doch mit der nationalen Erweckung des Landes einher. Die Architekten suchten nicht allein den Anschluss an die künstlerischen Tendenzen in Europa, sondern bemühten sich gleichzeitig um architektonische und künstlerische Formen, die in der lettischen Romantik verwurzelt waren. Statt Linien erscheinen auf Rigas Fassaden öfter Nadelbäume, die sonst so beliebten Schwäne haben den Eichhörnchen Platz gemacht. Dazwischen tauchen Riesen und andere Figuren aus den lettischen Mythen und Sagen auf. Die Fassaden rufen gleich Flugblättern zum nationalen Aufbruch.

ler des 18.–20. Jh. Ein besonderes Augenmerk gilt dem lettischen Maler Jānis Rozentāls.

■ Jaņa Rozentāla laukums 1, www.lnmm.lv, Di–Do 10–18, Fr 10–20, Sa, So 10–17 Uhr, 6 €, erm. 3 €

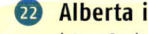 **Alberta iela**
| Straße |

 *Spaziergang im Herzen von Rigas prachtvollem Jugendstilviertel*

Hinter der Elizabetes iela liegt das Rigaer Jugendstilviertel. Die dichteste Konzentration schwungvoller Jugendstilbauten bietet die Alberta iela. Das Haus Nr. 12 wurde 1903 nach Plänen des lettischen Architekten Konstantīns Pēkšēns (1859–1928) erbaut, der selbst bis 1907 hier lebte. Das Jugendstilmuseum (Rīgas Jūgendstila muzejs) ermöglicht in sorgfältig restaurierten Räumen Einblicke in die Wohnnoblesse und Formenvielfalt des Rigaer Jugendstils. Schon das Treppenhaus ist atemberaubend. Entwürfe dafür stammen wohl vom Maler Jānis Rozentāls (1866–1916), dessen original eingerichtete Wohnung im Obergeschoss als

Die Alberta iela ist ein Augenschmaus für Liebhaber von Jugendstilgebäuden

Gedenkstätte (Mi–So 11–18 Uhr) an ihn und den lettischen Schriftsteller Rūdolfs Blaumanis (1863–1908), einen weiteren prominenten Hausbewohner, erinnert.

■ Rīgas Jūgendstila muzejs, Alberta iela 12, Tel. 67 18 14 65, www.jugendstils.riga.lv, Di–So 10–18 Uhr, 9 €, erm. 5 €, im Winter weniger

 Parken

Der touristisch interessante Teil der Rigaer Neustadt gehört zur Zone A (1. Std. 2,50 €, jede weitere Std. 3 €). Günstigere Alternativen für längerfristiges Parken sind bewachte Parkplätze, z. B. Brīvības iela 35 (10 € pro Tag).

 Restaurants

(11) €€€ | **Bergs** Exquisite internationale Küche im Restaurant des gleichnamigen Hotels. Im Sommer lockt die Sonnenterrasse. ■ Berga Bazārs, Elizabetes iela 83/85, Tel. 67 77 09 57, www.hotelbergs.lv, Plan S. 58/59 e3

 Bühne

Nationaloper Neben ihren klassischen Opern- und Ballettproduktionen bringt die Nationaloper im Sommer auch ein Festival auf die Bühne. ■ Aspazijas bulv. 3, Ticket-Tel. 67 07 37 77, www.opera.lv, Plan S. 58/59 d3

Die Moskauer Vorstadt

Authentischer Vorort mit Markthallen und Sowjet-Architektur

Nach wie vor ist in Riga als prägendes Element neben Mittelalter und Jugendstil auch das sowjetische Erbe präsent. In den Vororten bestimmen oft triste Plattenbausiedlungen, schäbige Holzhäuser, unasphaltierte Straßen das Bild – wer etwa die Moskauer

Vorstadt über den Zentralmarkt hinaus erkundet, wird Riga als eine Stadt der Kontraste wahrnehmen.

Zentralmarkt
| Markthallen |

 Der Markt versorgt Riga mit frischen Lebensmitteln

In der Nähe von Bahnhof und Busbahnhof breitet sich der Zentralmarkt (Centrāltirgus) aus. Fünf Hallen, in denen die deutsche Armee im Ersten Weltkrieg eigentlich Zeppeline bauen wollte, werden seit 1930 als Markthallen genutzt. In der Architektur finden sich noch Anklänge an Jugendstil und Neoklassizismus. Zu kaufen gibt es scheinbar alles, wenn nicht in den Hallen, dann auf dem riesigen Areal darum herum: Käse, Honig, Pilze, eingelegte Gurken, Früchte, frische Fische und ganze Schweine sowie Schuhe, Reisetaschen und Souvenirs.

■ Nēģu iela 7, www.centraltirgus.lv, tgl. 7–18 Uhr

Akademie der Wissenschaften
| Architektur |

Am 108 m aufragenden Hochhaus der Lettischen Akademie der Wissenschaften (Latvijas Zinātņu Akadēmija), 1958 nach Moskauer Vorbildern fertiggestellt, scheiden sich die Geister. Allemal beeindruckend ist aber der Blick von der Aussichtsplattform im 17. Stock.

■ Akadēmijas laukums 1, www.panorama riga.lv, Aussichtsplattform tgl. 9–22 Uhr, 5 €, erm. 1 €

Gefällt Ihnen das?

Wer sich für den stalinistischen Architekturstil interessiert, sollte auch die estnische Stadt **Sillamäe** (S. 31) besuchen.

17 Jūrmala

Ostseeidylle mit feinsandigen Badestränden vor den Toren Rigas

ℹ Information

■ Jūrmalas Tūrisma Informācijas Centrs (TIC), Lienes iela 5, 2015 Majori, Jūrmala, Tel. 67 14 79 00, www.visitjurmala.lv, tgl. 9–17 Uhr

Bunte Holzhäuser, hingewürfelt in ausgedehnten Kiefernwäldern, alte Bäder, Sandwege und feine Ostseestrände: Jūrmala hat viel von seinem alten Charme bewahrt. Da es nur 20 km von Riga entfernt liegt, ist der Badeort an den Wochenenden das beliebteste Ausflugsziel der Hauptstädter. Die Stadt an der Rigaer Bucht mit rund 57 000 Einwohnern entstand im Laufe des 19. Jh. aus mehreren kleinen Fischerdörfern und erstreckt sich entlang der Küste über rund 40 km.

Sehenswert

Ķemeri
| Ortsteil |

Das am längsten besiedelte Gebiet ist Ķemeri, das in den Annalen erstmals 1561 auftaucht – als Land des Bauern Kaspars Ķemeri. Hier fand man schwefelhaltiges Quellwasser, dessen Heilwirkung sich schnell herumsprach. Im Sommer 1837 eröffnete dann die erste Badeanstalt, bereits einige Jahre später gab es eine direkte Bahnverbindung von St. Petersburg nach Ķemeri. Noch heute kommen viele Russen nach Jūrmala, das seit der lettischen Unabhängigkeit ein regelrechter Bauboom ergriffen hat. Ķemeri ist davon weitgehend verschont geblieben, da

ADAC *Mobil*

Die **Ortsteile Jūrmalas** sind vom Rigaer Bahnhof (Stacijas laukums 1) aus bequem mit dem Zug zu erreichen. Nach Jūrmala fahren Züge mit den Endbahnhöfen Tukums, Ķemeri oder Sloka. Die Zielbahnhöfe tragen die Namen der einzelnen Ortsteile, einen Bahnhof »Jūrmala« gibt es nicht.

der Ortsteil unter Naturschutz steht. Unweit des Bahnhofs Ķemeri beginnen mehrere Wanderwege durch den Ķemeri-Nationalpark.

■ Nationalpark-Informationszentrum »Meža māja«, Tūristu iela 1, Tel. 67 73 00 78, www.kemerunacionalaisparks.lv, Juni–Aug. Mi–So, Mai, Sept. Sa, So 11–17 Uhr

Majori
| Ortsteil |

Das Leben Jūrmalas tobt im Ortsteil Majori (Majorenhof). In der Jomas iela, der Fußgängerzone und Flaniermeile,

gibt es viele Restaurants, Hotels, Geschäfte und Cafés. Ein Hauch vergangener Sommertage umweht das Rainis-und-Aspazija-Museum (Raiņa un Aspazijas vasarnīca). Das Sommerhaus des Dichterehepaars Jānis Rainis (1865–1929) und Aspazija (1865–1943), die ihre Werke der nationalen Erweckung widmeten, gibt einen stimmungsvollen Einblick in die einstige Datschenkultur zu Beginn des 20. Jh.

■ Raiņa un Aspazijas vasarnīca, Jāna Pliekšāna iela 5/7, Di–Sa 10–17 Uhr

Strand von Jūrmala
| Badestrand |

6 ▶ *Ein kilometerlanger Traum aus Sand und Meer*

Hinter Dünen und Kiefernwäldern verborgen erstreckt sich ein breiter, fast weißer und über 30 km langer Sandstrand, zu erreichen von praktisch jedem Bahnhof. Da er sanft in das flache türkisblaue Wasser der Rigaer Bucht führt, ist er für Familien mit Kindern gut geeignet. Aber hier kann je-

Schöner als in Jūrmala kann ein Strand kaum sein

der nach seinem Geschmack glücklich werden – es findet sich immer auch ein stilleres Plätzchen für Sonnenanbeter.

 Restaurants

€ | Alus Krodziņš Gemütliches und günstiges Bierrestaurant im Zentrum von Majori. ■ Jomas iela 64a, Majori, Tel. 67 76 44 56

€€ | Majorenhoff Umfangreiche, teils italienisch inspirierte Speisekarte.■ Jomas iela 42, Majori, Tel. 20 24 00 00, www.majorenhoff.lv

 Kinder

Entlang dem Strand gibt es zahlreiche Spielplätze und Attraktionen – den meisten Kleinen wird allerdings der Sand als Baumaterial völlig ausreichen.

 Sport

ABC Grupa Zentral gelegener Fahrradverleih, Kinderräder, Mountainbikes usw.■ Jūras iela 24, Majori, Tel. 28 60 90 00, www.abcgrupa.lv

18 Sigulda

Ritterromantik und lettisches Kleinstadtleben an der Gauja

 Information

■ TIC, Ausekļa iela 6, 2150 Sigulda, Tel. 67 97 13 35, www.tourism.sigulda.lv, Mai–Sept. 9–19, sonst bis 18 Uhr

Sigulda war von Liven besiedelt, als es zu Beginn des 13. Jh. von den Schwertbrüdern erobert wurde. Erstmals erwähnt wurde die Stadt, damals hieß sie Segewold, 1207. Die Kreuzritter errichteten drei mächtige Burgen, die den Nordischen Krieg nur als Ruinen überlebten, aber zum Teil wieder aufgebaut wurden und heute zu den bedeutendsten Sehenswürdigkeiten Siguldas gehören. Die reizvolle Natur an den Ufern der Gauja lockte schon im 19. Jh. Adelige und reiche Kaufleute an, die sich hier Sommerresidenzen bauten.

Die heute rund 12 000 Einwohner zählende Stadt liegt nur 50 km nordöstlich von Riga und ist über die gut ausgebaute A2 zu erreichen. In Sigulda befindet sich auch das Besucherzentrum des Gauja-Nationalparks (S. 74), wo man Informationen über die verschiedenen Sport- und Exkursionsmöglichkeiten im Park erhält.

 Sehenswert

Neues Schloss
| Burg |

Die Ruinen der Schwertritterburg (Siguldas pilsdrupas) am hohen Ufer der Gauja geben Sigulda sein malerisches Flair und dienen zudem als Freilichtbühne. Die 1207–26 errichtete Burg, die als Musterbeispiel der Festungsarchitektur galt, wurde im Nordischen Krieg zerstört. Anstelle der einstigen Vorburg entstand in der zweiten Hälfte des 19. Jh. das Neue Schloss (Siguldas jaunā pils) im neogotischen Stil des

ADAC *Wussten Sie schon?*

Wer den **Fluss Gauja** überquert, verlässt das alte Herrschaftsgebiet des Deutschen Ordens. Das gegenüberliegende Flussufer gehörte dem Rigaer Bischof. Oft kam es in der Gegend zwischen Orden und Bischof zu kriegerischen Auseinandersetzungen.

Historismus. Heute nutzt die Regionalverwaltung die Räume.

■ Pils iela 16, Mai–Sept. tgl. 9–20 Uhr, sonst kürzer, 2 €, erm. 1 €

Gutshaus Krimulda

| Gutshaus |

An der Seilbahnstation am anderen Gauja-Ufer erhebt sich das klassizistische Gutshaus Krimulda (Krimuldas muiža), in dem sich heute ein Reha-Zentrum befindet. Von der Krimulda-Burg (Krimuldas pilsdrupas) aus dem 13. Jh. sind seit dem polnisch-schwedischen Krieg Anfang des 17. Jh. nur noch Ruinen übrig.

■ Mednieku iela 3

Gutmannshöhle

| Höhle |

Die Gutmannshöhle (Gūtmaņa ala) liegt auf halber Strecke von der Krimulda-Burg nach Turaida. Sie führt mit 9 m Höhe 14 m in das Hochufer der Gauja hinein. Einer mittelalterlichen Sage zufolge soll ein Einsiedler in der Höhle gelebt haben und das kühle Quellwasser, das hier entspringt, an die Menschen verteilt haben. Daher der Name »Gutmannshöhle«. Vor allem aber verbindet sich mit der Höhle die herzzerreißende Liebesgeschichte der »Rose von Turaida« (s. u.).

Burg Turaida

| Bischofsburg |

7 *Imposante Burganlage mit Rundblick auf spektakuläre Landschaft*

Rund 1 km von der Gutmannshöhle entfernt erreicht man die Burg von Turaida (Turaidas pils), wo Maija und Viktor einst lebten. Sie gehört zum Museumsreservat Turaida (Turaidas muzejrezervats). Die imposante Anla-

Im Blickpunkt

Die Rose von Turaida (1601–20)

1601: In Lettland herrscht Krieg zwischen Schweden und Polen. Maija, eine Kriegswaise, wächst in der Burg von Turaida zur begehrten Schönheit heran. Die »Rose von Turaida« aber liebt nur einen: den Gärtner Viktor Heils. Die Liebenden treffen sich in der Gutmannshöhle. Eines Tages begegnet der polnische Offizier Jakubovski dem Mädchen und macht ihr einen Heiratsantrag. Als Maija ihn zurückweist, lockt sie der Pole in die Höhle. Maija findet dort nicht wie erwartet Viktor vor, sondern wird von dem Offizier heftig bedrängt. Verzweifelt bietet sie an, ihm ihr Halstuch zu schenken, wenn er sie nur gehen ließe. Das Tuch mache seinen Träger unverwundbar, er könne es ruhig ausprobieren. Also hält Maija ihm ihren Hals mit dem besagten Tuch hin. Der Offizier zieht sein Schwert – und köpft sie. Ob sie wirklich an die magische Kraft ihres Halstuchs glaubte, bluffte oder ihre Ehre retten wollte … wer weiß. Jedenfalls fällt der Verdacht, Maija getötet zu haben, auf den Gärtner Viktor. Doch glücklicherweise gibt es einen Zeugen und der wahre Mörder kann überführt werden. Er wird mit dem Tode bestraft. Viktor bestattet seine Geliebte bei der Burg von Turaida und pflanzt auf ihrem Grab eine Linde, zu der heute Liebes- und Brautpaare aus allen Landesteilen pilgern.

In der alten Bischofsresidenz Turaida kann man dem Leben im Mittelalter nachspüren

ge mit ihren fünf Wehrtürmen wurde 1214 als Residenz des Bischofs von Riga errichtet. Ihr heutiges Erscheinungsbild ist das Ergebnis von zahlreichen Umbauten und einer grundlegenden Restaurierung. Die Innenräume wurden im Stil des Mittelalters wieder hergerichtet und geben einen Einblick in die Wohnkultur der damaligen Zeit. Vom Turm aus öffnen sich schönste Ausblicke in die Landschaft der Gauja. Die nahe Kirche (1750) fällt durch ihr schönes barockes Schnitzwerk auf. Auf dem dazugehörigen Friedhof findet man das Grab der »Rose von Turaida«. Dahinter erhebt sich der Dainasberg (Dainu kalns), der den Dainas, den vierzeiligen lettischen Volksliedern, gewidmet ist.

■ Turaidas iela 10, www.turaida-muzejs. lv, Mai–Sept. tgl. 9–20, Okt. tgl. 9–19, Nov.–März tgl. 10–17, April tgl. 10–19 Uhr, 5 €, erm. 3 €, im Winter günstiger

 Verkehrsmittel

Seilbahn Über die Gauja fährt eine Seilbahn, die einzige in den baltischen Staaten. ■ Poruka iela 14, Mai–Okt. tgl. 10–18.30, Nov.–April tgl. 10–17 Uhr, etwa alle 30 Min, hin und zurück 12 €

 Restaurants

€€ | Kungu Rija Lettische Küche in modern gemütlichem Blockhausambiente. ■ Turaida, Tel. 67 97 14 73, www. kungurija.lv

 Sport

Makars Bietet u. a. Floßfahrten und Kanuverleih. ■ Peldu iela 2 (nahe Campingplatz), Mobil 29 24 49 48, www.makars.lv
Tridens Verleih von Fahrrädern, auch Mountainbikes ab 3 € pro Std. ■ Cēsu iela 15, Mobil 20 38 90 98

Gauja-National-park

 Ein wahres Sportlerparadies in urwüchsiger Natur

ℹ Information

■ TIC, Spriņģu iela 2, 4110 Līgatne, Tel. 64 15 31 69, www.visitligatne.lv, www.entergauja.com, Mai–Okt. 9–18, sonst bis 17 Uhr

Der Gauja-Nationalpark (Gaujas nacionālais parks) gehört zu den landschaftlichen Höhepunkten Lettlands. Die Gauja hat ein bis zu 85 m tiefes Urstromtal geschaffen, das mit Stromschnellen, Schluchten, Sandbänken, Steilhängen, Höhlen, Sandstein- und Dolomitfelsen kaum abwechslungsreicher sein könnte. Der Nationalpark mit einer Fläche von 920 km² umfasst ein Fünftel der Gesamtlänge der Gauja, die von 13 Nebenflüssen gespeist wird. Populär sind Paddeltouren auf dem Fluss. Die mehrtägige Tour von Valmiera am nordöstlichen Parkrand bis Sigulda ist 95 km lang. Entlang dem Ufer gibt es genügend Rast- und Zeltplätze. Die Bootsverleiher halten zudem Kartenmaterial bereit. Man kann sich auch einem Führer anvertrauen und von einem Raftingboot aus den Fluss kennenlernen.

Sehenswert

Līgatne
| Nationalparksort |
Ein beliebtes Ausflugsziel im Park ist Līgatne östlich von Sigulda. Hier führt

Umgeben von herrlicher Natur lädt die Gauja zu Freizeitaktivitäten ein

ein Naturlehrpfad an Freigehegen mit Luchsen, Bären, Wölfen, Wisenten, Bibern und Eulen vorbei. Man kann Pferde ausleihen und so das Gebiet erkunden.

Museumspark Āraiši
| Freilichtmuseum |
Am südlichen Parkrand nahe der A2 wurde auf der Insel im Āraiši-See nach archäologischen Funden ein lettgallisches Wehrdorf aus dem 9. Jh. rekonstruiert, das heute Teil des Museumsparks Āraiši (Āraišu ezerpils) ist. Zum Park gehören eine Wasserburg sowie eine livländische Burgruine.
■ Tel. 25 66 99 35, www.amata.lv, April–Okt. tgl 9–19, Nov.–März Mi–So 9–16 Uhr, 2 €, erm. 1 €

 ## Sport

Makars Verleih von Kanus und Kajaks, auch Floßfahrten auf der Gauja werden angeboten. ■ Peldu iela 2, Sigulda, Tel. 29 24 49 48, www.makars.lv

20 Cēsis

Die alte Hansestadt im Gauja-Nationalpark setzt auf Kultur

 ## Information

■ TIC, Pils laukums 9, 4101 Cēsis, Tel. 64 12 18 15, www.tourism.cesis.lv, Mai–Sept. tgl. 10–18, sonst Di–Sa 10–17, So 10–16 Uhr

Cēsis (Wenden) gewann bereits im 13. Jh. große Bedeutung als Hansestadt. Sie lag am wichtigen Handelsweg von Riga nach Pskow. Im 13.–15. Jh. hatte hier der Livländische Orden seinen Hauptsitz, den er gegenüber den Dänen, die bis 1346 den Norden Livlands beherrschten, sichern musste. Der Orden konkurrierte damals aber auch mit dem Bischof von Riga um die Macht auf dem Gebiet des heutigen Lettland und Estland. Die Stadt wurde außer von der zentral gelegenen Ordensburg im 13.–15. Jh. mit 27 Burgen befestigt. Man stattete die trutzige Ordensburg im Innnern prächtig aus und gewährte den Kaufleuten ihren eigenen Stadtrat. Von deren Reichtum zeugen einige noch erhaltene gotische Kaufmannshäuser in Cēsis.

Der Niedergang der wohlhabenden Stadt, die eigene Münzen prägen durfte und Riga im 15. Jh. fast ebenbürtig war, begann in der zweiten Hälfte des 16. Jh. mit der Auflösung des Ordens nach der Reformation. Cēsis wurde im Livländischen (1577) und Nordischen Krieg (1703) zerstört. Im Rahmen des Neuanfangs im 18. Jh. entstanden barocke und klassizistische Bauten. Die Industrialisierung brachte im 19. Jh. den ersehnten wirtschaftlichen Aufschwung – Cēsis machte sich mit seiner Brauerei Cēsu alus landesweit einen Namen.

Der Rosenplatz (Rožu laukums) an der Rīgas iela, die parallel zur Skolas iela verläuft, war früher der Marktplatz und sorgt noch heute mit Cafés, Läden und dem Jugendtreff für lebendige Geschäftigkeit in der ansonsten eher verschlafenen Kleinstadt.

 ## Sehenswert

Schlossplatz
| Platz |
Das Zentrum der Altstadt bildet der Schlossplatz (Pils laukums). An ihm erhebt sich das Neue Schloss (Cēsu pils), in dem heute das Museum für Ge-

schichte und Kunst (Cēsu Vēstures un mākslas muzejs) die turbulente Historie der 1206 erstmals erwähnten Stadt dokumentiert.

■ Cēsu Vēstures un mākslas muzejs, Pils laukums 9, www.cesupils.lv, Mai–Sept. Di–So 10–18, Okt.–April Di–Sa 10–17, So 10–16 Uhr, 4 €, erm. 2,50 €, Kombiticket mit Ordensburg 6 €, erm. 3,50 €

Ordensburg
| Burgruine |

Die Ordensburg (Cēsu pils) wurde im 16. Jh. zerstört. Die Ruinen geben nur noch eine Ahnung von dem riesigen Komplex, der 1209–24 hier entstanden war. Der Südturm, dessen Mauern noch stehen, war mit zwei Blendbogenfriesen geschmückt. Besser erhalten ist der Westturm der Burg, in dem das mit einem Sternengewölbe reich dekorierte Gemach des Ordensmeisters lag.

■ Pils laukums 9, www.cesupils.lv, Mai–Sept. tgl. 10–18, Okt.–April Di–Sa 10–17, So 10–16 Uhr, 4 €, erm. 2,50 €, Kombiticket mit Museum für Geschichte und Kunst 6 €, erm. 3,50 €

Johanniskirche
| Kirche |

Die Johanniskirche (Jāņa baznīca), 1282–87 als Hauptkirche des Ordens in Burgnähe errichtet, ist ein schwerer, massiv wirkender Bau. Die Mauern bestehen aus grob behauenen Kalksteinblöcken, Bögen und Rippen hingegen sind aus profiliertem Backstein. Im Turm blieb das ursprüngliche Hauptportal mit den stilisierten Tierfiguren erhalten. In der Kirche wurden die Ordensmeister bestattet. Die Grabplatten aus dem 15. und 16. Jh. sind wegen reicher Reliefs sehenswert.

■ Lielā Skolas iela 8, tgl. 10–18 Uhr

21 Bauska

Über den Wiesen Zemgales thront die restaurierte Ordensburg

ℹ Information

■ TIC, Rātslaukums 1, 3901 Bauska, Tel. 63 92 37 97, www.tourism.bauska.lv, Mai–Sept. Mo–Fr 9–18, Sa, So 10–16, sonst Mo–Fr 9–17, Sa 10–14 Uhr

Bauska ist ein eher verschlafenes Provinznest 65 km südlich von Riga. Im historischen Zentrum mit den verwitterten Holzhäusern aus dem 18.–19. Jh. lohnt ein Blick in die trutzig anmutende Heiliggeistkirche (Gara baznīza) von 1591–94 mit hochwertiger Rokokoausstattung.

Sehenswert

Burg Bauska
| Ordensburg |

Die 1443–50 auf einer Felsnase am Zusammenfluss von Mēmele und Mūša errichtete Ordensburg von Bauska (Bauskas pils) nutzte der letzte Großmeister des Ordens Gotthard Kettler (1517–87) als Residenz. Im Lauf ihrer Geschichte diente die Festung noch Polen, Schweden und Russen, bevor sie während des Nordischen Kriegs 1706 zerstört wurde.

Bei der Restaurierung hat man versucht, die Burg wieder in ihren mittelalterlichen Originalzustand zu versetzen – mit Kachelöfen, Tapisserien und Ledertapeten.

Heute ist in der Burg das Historische Museum untergebracht, das die Wohnkultur des Livländischen Ordens dokumentiert. Vom 22 m hohen Hauptturm bietet sich ein Panorama der

Landschaft Zemgales – Wiesen und Wälder bis zum Horizont.

■ Bauskas pils muzejs, Pilskalns, www.bauskaspils.lv, Mai–Sept. tgl. 9–19, Okt. tgl. 9–18, Nov.–April Di–So 11–17 Uhr, 5 €, erm. 2 €

22 Schloss Rundāle

 Herrschaftliche Pracht im Formen-zauber des Barock und Rokoko

Schloss Rundāle nimmt mit 138 Räumen durchaus zaristische Dimensionen an und eifert in Pracht und Prunk dem französischen Vorbild Versailles nach. Ernst Johann von Biron, ein Liebhaber der russischen Kaiserin Anna Iwanowna (1693–1740) und von dieser gegen den Willen des Petersburger Adels zum Herzog von Kurland ernannt, beauftragte Bartolo-meo Rastrelli (Architekt u. a. des Winterpalasts in St. Petersburg), der die großartige Sommerresidenz 1735–40 errichtete.

Im Inneren ist der ansonsten barocke Bau hauptsächlich im Rokokostil gehalten. Besonders beeindruckend ist der 200 m² große Audienzsaal in blauem und rosafarbenem Stuckmarmor mit einer bemalten Decke. Der lichtdurchflutete Ballsaal oder »Weiße Saal« besticht durch verschwenderische Rocailles und Reliefs. In beiden Sälen sind auf Gemälden bzw. in Reliefs Allegorien der Künste, Musik, Jagd oder Landwirtschaft dargestellt, Tugenden, mit denen sich der Hausherr gerne schmückte. Im Südflügel liegen die Gemächer des Herzogs, u. a. das besonders schöne, brokatverkleidete »Rosenzimmer«. Ein Deckengemälde zeigt die Göttin Flora. Der Westflügel

Im Blickpunkt

Deutschbaltische Herrensitze

Rund 300 Schlösser und Herrenhäuser des kurländischen Adels haben die Wirren des 20. Jh. überdauert. Viele liegen noch immer im Dornröschenschlaf, weil die Eigentumsverhältnisse nicht geklärt sind oder das Geld für eine umfassende Instandsetzung fehlt. Andere sind inzwischen zu Hotels umgebaut worden. Die schlossähnlichen Anwesen drückten das Selbstverständnis des deutschbaltischen Adels und seine Lebensart aus. Die Gutsherren genossen bis ins 20. Jh. Privilegien wie die Rechtsprechung über ihre Ländereien. Die Pachtbauern waren von ihnen abhängig. Die Herrenhäuser als Zentren von landwirtschaftlichen Gütern entwickelten sich seit dem 16. Jh. von einfachen Wohnhäusern zu den immer herrschaftlicheren Anlagen des 18. Jh. Im Nordischen Krieg (1700–21) wurden viele der alten Gutshöfe zerstört und nach dem Vorbild europäischer Fürstenschlösser wieder aufgebaut. Nun wurde der Herrensitz mit mehreren Gebäudeflügeln, Kapelle, Stallungen, Schulhaus u. Ä. inmitten ausgedehnter Gärten errichtet und von Mauern und repräsentativen Torbauten umgeben. Man veranstaltete Hauskonzerte, Bälle und Jagdgesellschaften. Die Landadeligen regierten wie absolutistische Herrscher – über ihre eigene kleine Welt.

Früher Sitz der Herzöge Kurlands, heute landwirtschaftliche Universität: Schloss Jelgava

war der Herzogin vorbehalten. Viel Zeit, Rundāle zu genießen, hatte Biron allerdings nicht. Das Schloss verwaiste, als er nach dem Tod Zarin Annas 1740 seinen Weg in die sibirische Verbannung antrat.

Der Palast wurde mehrfach geplündert und als Lager, Lazarett oder Internat zweckentfremdet, bevor 1972 die Restaurierungsarbeiten begannen. Auf jeden Fall sollte man der Einladung des weitläufigen Schlossparks, der nach allen Regeln französischer Gartenbaukunst angelegt wurde, zum Lustwandeln folgen. Die barocke Gartenanlage mit Brunnen, Pavillons und Pergolen wurde zwischen 1975 und 2007 nach Beschreibungen aus dem 18. Jh. rekonstruiert.

■ Rundāles pils, Tel. 63 96 22 74, www. rundale.net, Mai–Okt. tgl. 10–18, Nov.– April tgl. 10–17 Uhr, 6 €, erm. ab 3,50 €

Restaurants

€€ | Pils Im Schlossrestaurant lässt es sich fürstlich speisen, z. B. Wildgerichte. ■ Pilsrundāle, Rundāles pag., Tel. 29 22 73 69, Mai–Okt. tgl. 10–18 Uhr

In der Umgebung

Schloss Jelgava
| Schloss |

In der Industriestadt Jelgava (Mitau) liegt das größte Barockschloss (Jelgavas pils) des Baltikums, errichtet von Ernst Johann von Biron, der auch Rundāle bauen ließ. Im Unterschied zu Schloss Rundāle wird es jedoch als Sitz einer Hochschule genutzt, nur ein kleines Museum kann besichtigt werden. Wer sich intensiver für die Geschichte Kurlands interessiert, sollte dort die Grabkammer der Herzöge von Kurland mit ihren pompösen Sarkophagen besuchen.

■ Lielā iela 2, 3001 Jelgava, Tel. 63 00 56 17, Museum Mai–Aug. Mo–Fr 9–17, Sa 9–18, So 11–16, Eintritt frei; Grabkammer Mai–Okt. tgl. 9–17 Uhr, 3 €, erm. 1,50 €

 23 Liepāja

Quirlige Stadt mit weißem Sandstrand und einem Faible für Musik

 Information

■ TIC, Rožu laukums 5/6, 3401 Liepāja, Tel. 63 48 08 08, www.liepaja.travel, April–Sept. Mo–Fr 9–19, Sa 10–18, So 10–16, sonst Mo–Fr 9–17, Sa 10–16 Uhr

Liepāja (Libau) hat unter der sowjetischen Besatzung besonders gelitten. Die einst weltoffene Hafenstadt, die bereits vor dem Zweiten Weltkrieg Schiffsverbindungen bis nach New York unterhielt, wurde 1945–91 als sowjetischer Militärstützpunkt zum Sperrgebiet. Hier waren Verbände der atomar bestückten U-Boot-Flotte der UdSSR stationiert. Zahlreiche Industriebetriebe wurden angesiedelt. Die im Krieg zerstörte Architektur wurde dem Pragmatismus verpflichtet wieder aufgebaut. Inzwischen hat man viele erhaltene alte Bauten restauriert und die Fußgängerzone Tirgoņu iela lädt mit ihren Cafés und Boutiquen zum Flanieren ein. Heute ist Liepāja, mit rund 78 000 Einwohnern die drittgrößte lettische Stadt, ein junger, lebendiger und musikalischer Ort und durch die A9 gut mit dem 188 km enfernten Riga verbunden. Liepājas Trumpf ist der schöne Strand mit seinem feinen weißen Sand, dem die Stadt schon im Mittelalter ihre Attrak-

ADAC *Wussten Sie schon?*

Das **Herzogtum Kurland** (Kurzeme) existierte von 1561–1795 als unabhängiger Staat unter polnischer Oberhoheit. Im 17. Jh. war es sogar einmal Kolonialmacht: Herzog Jakob von Kurland nahm das westafrikanische Gambia und das karibische Tobago in Besitz. Das Territorium des historischen Kurlands ist zu großen Teilen identisch mit dem links der Düna liegenden Gebiet des heutigen Lettlands.

tivität verdankte – damals wegen reicher Bernsteinfunde. Windsurfer finden hier ideale Bedingungen.

◉ **Sehenswert**

Dreifaltigkeitskathedrale
| Kirche |

Die Dreifaltigkeitskathedrale (Sv. Trīsvienības katedrāle) in Liepājas Hauptstraße wurde 1742–58 als dreischiffige Hallenkirche im Auftrag der deutschen Gemeinde errichtet. Bemerkenswert sind der üppige Sandsteinschmuck sowie die Orgel von 1855 mit 7000 Pfeifen und 131 Registern, die so grandios klingt wie die im Dom von Riga. Bewundert werden kann ihr Klang bei regelmäßigen Konzerten. Der 55 m hohe Kirchturm bietet einen großartigen Ausblick über die Stadt.

■ Lielā iela 9, Mo–Sa 11–13 Uhr

Annenkirche
| Kirche |

Die Annenkirche (Annas baznīca) gegenüber der historischen Markthalle entstand im 16. Jh., wurde jedoch 1893 in neogotischem Stil umgebaut. Innen beeindruckt der prachtvoll geschnitzte barocke Altaraufsatz (1697) von Nicolaus Soeffrens aus Ventspils.

■ E. Veidenbauma iela 1

Petermarkt
| Historische Markthalle |

Lettlands zweitgrößte Markthalle (Pētertirgus) wurde im Jahr 1910 errichtet und ist bereits architektonisch ein Schmuckstück, vom leckeren Angebot an Obst und Gemüse einmal ganz abgesehen.

■ Kuršu iela 5, www.petertirgus.lv, Mo–Sa 8–18, So 8–14 Uhr

Zivju iela
| Straße |

Hollywood an der Ostsee: In der Zivju iela haben sich lettische Rockmusiker mit ihren Handabdrücken verewigt. Hier sind auch noch einige Backsteinbauten aus dem 17. Jh. und mittelalterliche Speicherhäuser erhalten, wie etwa der mit den kräftigen Bohlentüren kurz vor der Kungu iela.

Liepāja-Museum
| Museum |

In einer um 1900 erbauten Villa dokumentiert das Liepāja-Museum (Liepājas muzejs) die Geschichte Kurlands und Liepājas. Zu deren dunkelsten Kapiteln zählt die Besetzung durch die Nazis, die in der Stadt 19 000 Zivilisten und 7000 Kriegsgefangene erschossen.

■ Kūrmājas prospekts 16, Tel. 63 42 23 27, www.liepajasmuzejs.lv, Mi–So 10–18 Uhr, Eintritt frei

Konzerthalle Lielais Dzintars
| Architektur |

⑮ *Das neue Wahrzeichen der Stadt ist nachts am imposantesten*

Liepājas jüngste Sehenswürdigkeit trägt den Namen »Großer Bernstein«

(Lielais Dzintars). Warum, wird bei Nacht deutlich, wenn die Glasfassade der 2015 eröffneten Konzerthalle bernsteinfarben erstrahlt. Der größte ihrer Säle bietet gut 1000 Gästen Platz.

■ Radio iela 8, www.greatamber.lv

 Restaurants

€ | **Pastnieka Maja** Gemütliches Lokal in einem alten Postamt. Internationale Karte und gelegentlich Livemusik. ■ Fr. Brīvzemnieka iela 53, Tel. 63 40 75 21, www.pastniekamaja.lv

 Cafés

Valhalla Wine & Coffee Gemütliches kleines Café mit selbst gebackenem Kuchen in altem Holzhaus. ■ Jūras iela 24, Tel. 63 42 09 56

 Events

Internationales Orgelmusikfestival In Liepājas Dreifaltigkeitskathedrale jedes Jahr im September.

24 Kuldīga

⑯ *Der malerisch-nostalgische Ort gibt eine zauberhafte Filmkulisse ab*

 Information

■ TIC, Baznīcas iela 5, 3301 Kuldīga, Tel. 63 32 22 59, www.visit.kuldiga.lv, Mo–Fr 9–17 Uhr

Das 14 000 Einwohner zählende Kuldīga (Goldingen) ist einer der schönsten lettischen Orte. Vor allem Holzbauten aus dem 18. und 19. Jh. prägen die Architektur des Städtchens, das lettischen Filmemachern immer wieder

Im Sommer ist der Wasserfall an der Venta ein beliebter Platz für eine nasse Erfrischung

als Kulisse dient. Bis 1991 durfte man die Stadt, die in einem sowjetischen Sperrgebiet lag, nur mit Sonderausweis besuchen.

Ihre Entstehung verdankt die Stadt der Venta, die bis hierher schiffbar ist. Das Wasser stürzt bei Kuldīga über eine zwar nur 2 m hohe, aber 249 m breite Stromschnelle (Ventas rumba) – die breiteste Europas. Den besten Blick hat man von der 1874 erbauten Backsteinbrücke.

Die Ordensritter errichteten 1242 am linken Venta-Ufer eine Burg. Schnell entwickelte sich Goldingen, wie die Deutschen Kuldīga nannten, zum lebendigen Handelsort, der 1378 der Hanse beitrat. Im 16./17. Jh. erlebte Kuldīga als Hauptstadt des Herzogtums Westkurland seine Blütezeit. Die Burg wurde im Nordischen Krieg zerstört, es sind nur Reste, etwa ein Kreuzgewölbe, zu sehen. Da man die Ruinen als Steinbruch nutzte, entdeckt man heute in so manchem Haus des Ortes noch alte Steine von der Burg.

 Sehenswert

Rathausplatz
| Platz |
Die Ortsmitte bildet der Rathausplatz (Rāts laukums) mit dem 1860 im Stil der Neorenaissance errichteten Neuen Rathaus. Jedes Jahr am dritten Juliwochenende feiert Kuldīga hier das Stadtfest.

Dreifaltigkeitskirche
| Kirche |
Die Dreifaltigkeitskirche (Trīsvienības baznīca) ist ein eher unscheinbarer Renaissancebau von 1640. Der Innenraum fällt mit zwei Seitenaltären im Rokokostil weitaus prunkvoller aus.
■ Raiņa iela

Im Blickpunkt

Die Liven

In der Verfassung nennt sich Lettland das »Land der Letten und der Liven«. Die Liven leben seit 5000 Jahren vor allem als Fischer um die Rigaer Bucht – typisch sind ihre schwarz gestrichenen Boote. Allerdings reichte Livland früher weit in den Norden Lettlands und den Süden Estlands. Nachdem Fischfang und Ostseehandel im 16. Jh. an Bedeutung verloren, zogen viele Liven in die Städte und vermischten sich im Laufe der Jahrhunderte zunehmend mit den Letten. Schließlich wurden die livischen Fischer nach dem Zweiten Weltkrieg ihrer Existenzgrundlage beraubt, als die Sowjets ihnen verboten, aufs Meer hinauszufahren. Sie befürchteten, die Seeleute würden über die Ostsee ins nahe Skandinavien flüchten.

Heute stellen die Liven mit etwa 200 Angehörigen eine der kleinsten Ethnien der Welt dar. Im Kulturhaus der Liven in Mazirbe (S. 85), über dem ihre grün-weiß-blaue Flagge weht, bemüht man sich seit 1939 um die Pflege der Traditionen. Hier gibt es Räume für Ausstellungen, Gesangsgruppen und Sprachkurse. Leider ist die letzte Muttersprachlerin des Livischen 2013 gestorben. Eine Handvoll junger Menschen bemüht sich dennoch weiter um die Pflege dieser finno-ugrischen Sprache, die mit dem Estnischen näher verwandt ist als mit Lettisch, Letzteres aber über die Jahrhunderte mitprägte.

Baznīcas iela

| Straße |

In der Baznīcas iela, die vom Rathausplatz abzweigt, stehen das Alte Rathaus (17. Jh.), das die Touristeninformation beherbergt, und das älteste erhaltene Holzhaus der Stadt (Nr. 7). Der Bau mit Freitreppen und Walmdach wurde 1670 für einen deutschen Kaufmann errichtet. Die Katharinenkirche (Katrinas baznīca) am Ende der Straße ist ein schlichter gotischer Bau mit Ende des 17. Jh. barock umgedeutetem Innenraum.

 Restaurants

€ | **Stender's** Bar und Restaurant im ersten Stock eines urigen Holzhauses. ■ Liepājas iela 3, Tel. 63 32 27 03, www.stenderspica.lv

25 Ventspils

Geld dank Öl – die Hafenstadt investiert in ihre hübsche Altstadt

 Information

■ TIC, Dārzu iela 6, 3601 Ventspils, Tel. 63 62 22 63, www.visitventspils.com, Mo–Fr 8–18, Sa, So 10–16 Uhr

Die heute knapp 40 000 Einwohner zählende Stadt Ventspils (Windau) ist eine Gründung des Deutschen Ordens. Die Stadt an der Einmündung des Flusses Venta in die Ostsee ist die bedeutendste Hafenstadt Lettlands. Seit dem Bau der Pipeline »Druschba« (russ.: Freundschaft) im Jahr 1961 kommen hier riesige Mengen Öl aus Sibirien an, die dann in den Westen verschifft werden. Dass das Geld aus der Ölindustrie auch die Stadtkassen füllt, sieht man an der Innenstadt, die aufwendig restauriert wurde. Westlich der Burg erstreckt sich das historische Zentrum mit dem verkehrsfreien Rathausplatz, der klassizistischen evangelischen Nikolauskirche (1835) und dem schönen Marktplatz (17. Jh.).

 Sehenswert

Burg des Livländischen Ordens
| Museum |
In der 1290 errichteten Burg des Livländischen Ordens (Livonijas ordeṇa pils) zeigt das Ventspils-Museum eine multimedial aufbereitete Ausstellung zur Stadt- und Burggeschichte.
■ Jāṇa iela 17, Tel. 63 62 20 31, www. ventspilsmuzejs.lv, Di–So 10–18 Uhr, 2,50 €, erm. 1,50 €

Küsten-Freilichtmuseum
| Museum |
Ventspils' Hauptattraktion, das Küsten-Freilichtmuseum (Piejūras brīvdabas muzejs), dokumentiert im Süden der Stadt anhand von Fischerkaten, Booten und Netzen den Alltag der lettischen Fischer. Und im Sommer können Besucher mit der Museumsbahn (Mai–Sept. Fr–So 12–17 Uhr) durch den an das Museumsgelände anschließenden Küstenpark an der Ostsee zuckeln.
■ Riṇķu iela 2, Tel. 63 62 44 67, www. ventspilsmuzejs.lv, Mai–Okt. Di–So 10–18 Uhr, 1,40 €, erm. 0,60 €

 Restaurants

€€ | **Ostas 23** Internationale Küche in Hafennähe. ■ Ostas iela 23, Tel. 63 62 23 96, www.ostas23.lv

In der Burg des Livländischen Ordens ist heute ein Museum untergebracht

Am Kap Kolka im Slitere-Nationalpark erinnert ein Denkmal an die Opfer des Meeres

 Erlebnisse

Hafenrundfahrten Mit der »Hercogs Jēkabs« von der Promenade des Speicherhafens (Spīkeru piekraste). ■ Ostas iela/Tirgus iela, Mai–Okt. tgl. 10–19 Uhr ca. stündl. (45 Min.), 1,40 €, erm. 0,60 €

26 Slītere-National-park

Idyllische Natur und viel Platz zum Entspannen an der Küste Kurlands

 Information

■ TIC Dundaga, Pils iela, 3270 Dundaga, Tel. 63 23 22 93, www.visit.dundaga.lv, Mo–Fr 8.30–12, 12.30–17, Mitte Mai–Mitte Okt. auch Sa, So 11–17 Uhr; Infostelle im Leuchtturm (s. u.)

An der Nordspitze Kurzemes, wo am Kap Kolka (Kolkasrags) die Wellen der Rigaer Bucht und der offenen See manchmal heftig aufeinandertreffen, wurde 1921 der Slītere-Nationalpark (Slīteres nacionālais parks) eingerichtet. Seither ließ man der Natur hier ihren Lauf – sie profitierte nicht zuletzt auch davon, dass Kurzeme zu sowjetischen Zeiten militärisches Sperrgebiet war. Die Landschaft ist spektakulär: weite Sandstrände, urwüchsige Kiefernwälder, mannshohe Farne, Preisel- und Blaubeersträucher. Hier leben zahlreiche seltene Tierarten wie Schwarzstörche, Elche und Luchse.

Hier eigenständige Touren zu unternehmen, ist allerdings nicht ganz ungefährlich, da der Wald vielerorts undurchdringlich ist. Aus diesem Grund sind Teile des Parks nur im Rahmen von Führungen zugänglich. Es werden z. B. Touren zu den Biberdämmen, zur Vogelbeobachtung oder ins Gebiet um die 30–50 m hohen Blauen Berge angeboten.

Zum Nationalpark gehören auch die Livendörfer, einige Fischerorte entlang der Ostseeküste. Heute leben hier nur noch wenige Menschen. Während die Natur vom militärischen Sperrgebiet profitierte, wurden die Bewohner Nordkurzemes, vor allem Liven, um ihre Existenzgrundlage gebracht, weil die Fischer nicht mehr aufs offene Meer hinausfahren durften.

 Sehenswert

Leuchtturm
| Aussichtspunkt |
Bei der Ortschaft Slītere, am Rand der Blauen Berge, steht der 1849 erbaute Leuchtturm (Slīteres bāka), in dem das Besucherzentrum des Parks über Führungen und Naturlehrpfade informiert. Der Ausblick von der Plattform auf die Landschaft ist beeindruckend.
■ www.slitere.lv, Mai–Okt. Di–So 10–18 Uhr

Mazirbe
| Livendorf |
Mazirbe ist das Zentrum der Liven, einer im Verschwinden begriffenen Ethnie (S. 82). Das Kulturhaus der Liven dient als Veranstaltungsort und die kleine ethnografische Sammlung Rāndali (Muzejs Rāndali, Mobil 29 46 91 65, nach Vereinbarung) versucht die livischen Trachten und Bräuche zu bewahren. An jedem ersten Sonntag im August findet in Mazirbe das Fest der Liven statt, zu dem Liven von überall her anreisen.

Košrags
| Livendorf |
Das pittoreske Dorf ist wegen seiner neun mit Holzschnitzereien verzierten Fischerkaten UNESCO-Weltkulturerbe.

Kolka
| Livendorf |
In dem am gleichnamigen Kap gelegenen Dorf ist das Livenzentrum (Mobil 29 19 85 96, nur nach Vereinbarung) rührend darum bemüht, den Alltag der Küstenbewohner vergangener Zeiten zu dokumentieren.

27 Talsi

Ein malerischer Ort auf neun Hügeln mit nostalgischen Holzhäusern

 Information

■ TIC, Lielā iela 19/21, 3201 Talsi, Tel. 63 22 41 65, www.talsitourism.lv, Mo–Fr 9–18 Uhr

Talsi fasziniert durch seine Lage – auf neun Hügeln um zwei Seen (Vilkmuižas und Talsu ezers). In der 10 000 Einwohner zählenden Kreisstadt mit den alten Holzhäusern und roten Ziegeldächern ist der Tourismus inzwischen zu einer wichtigen Einnahmequelle geworden. Es geht hier aber immer noch ganz gemächlich zu.

 Sehenswert

Heimatmuseum
| Museum |
Im Vilkmuižas-See entdeckte man seltene Schmuckstücke und Kultgegenstände der Kuren, die auf Feuerbestattungen in diesem Kulturkreis schließen lassen. Die Funde sind im Heimatmuseum (Talsu novada muzejs) ausgestellt, das in einem neoklassizistischen Palais des Barons Firck untergebracht ist.
■ Milenbaha iela 19, Tel. 63 22 27 70, www.talsumuzejs.lv, Di–So 10–17 Uhr, 1,50 €, erm. 0,80 €

Übernachten

In Riga steht eine Vielzahl von Hotels unterschiedlicher Preisklassen zur Auswahl – in der Hochsaison kann das Angebot dennoch knapp werden, also rechtzeitig buchen! Auf dem Land finden sich immer wieder Möglichkeiten, für verhältnismäßig wenig Geld komfortabel zwischen historischen Mauern zu nächtigen. In kleineren Städten stammt das zentrale Hotel oft noch aus sowjetischen Zeiten, ist aber heute immer modernisiert.

Riga 56

€ | Ekes Konvents Liebevoll ausgestattetes Familienhotel mit gemütlichen Zimmern in der Altstadt.
◾ Skārņu iela 22, Tel. 67 35 83 93

€€ | Hanza Hotel Gut geführtes und komfortables Hotel in der Nähe des Rigaer Zentralmarkts. ◾ Elijas iela 7, Tel. 67 79 60 40, www.hanzahotel.lv

€€ | Monte Kristo Zentral gelegenes, elegantes Hotel mit behaglichen Zimmern. ◾ Kaleju iela 56, Tel. 67 35 91 00, www.hotelmontekristo.lv

€€€ | Old City Boutique Hotel Altstadt-Hotel mit individuell gestalteten Zimmern in einem historischen und einem modern designten neuen Trakt. ◾ Teātra iela 10, Tel. 67 35 60 60, www.oldcityhotel.lv

€€€ | Radisson Blu Daugava Großes Haus am linken Daugava-Ufer mit allem Komfort. Die Zimmer zum Fluss bieten Rigas vielleicht schönsten Blick auf die Altstadt. ◾ Kugu iela 24, Tel. 67 06 11 11, www.radissonblu.com/hotel-riga

€€€ | Radi Un Draugi Eines der besten und beliebtesten Hotels in der Altstadt, dessen Name so viel bedeutet wie »Verwandte und Freunde«.
◾ Marstalu iela 3, Tel. 67 82 02 00, www.hotelradiundraugi.lv

Jūrmala 69

€€ | Rockin' Papas Übernachten mit Marilyn Monroe, Elvis Presley, Frank Sinatra oder Bob Marley? Alle Zimmer dieses für Jūrmala verhältnismäßig preisgünstigen und doch sehr gut gelegenen Hotels sind nach Musikern und bekannten Künstlern benannt.
◾ Bulduru prospekts 30, Bulduri, Tel. 67 75 24 11 www.rockinpapas.lv

€€€ | Eiropa Strandnahes Hotel mit funktionalen bis luxuriösen Zimmern in einem restaurierten Holz- und einem Neubau mit freundlicher Atmosphäre. ◾ Jūras iela 56, Majori, Tel. 67 76 22 11, www.eiropahotel.lv

€€€ | Villa Joma Kleines Hotel mit nostalgischem Flair in einem der für Jūrmala typischen Holzhäuser in der Fußgängerzone. ◾ Jomas iela 90, Majori, Tel. 67 77 19 99, www.villajoma.lv

Sigulda 71

€ | Krimuldas Pils Schönes Herrenhaus, im Sommer auch Hütten mit Mehrbett-Zimmern. ◾ Mednieku iela 3, Tel. 67 97 22 32, www.krimuldaspils.lv

€€ | Sigulda Freundliches, modern eingerichtetes Hotel mit großen, komfortablen Zimmern. ◾ Pils iela 6, Tel. 67 97 22 63, www.hotelsigulda.lv

Cēsis 75

€ | Hotel Cēsis Das beste Hotel der Stadt in einem stattlichen klassizistischen Gebäude am zentralen Platz. ▪ Vienibas laukums 1, Tel. 64 12 01 22, www.hotelcesis.com

€ | Ungurmuiža Romantische Gästeunterkünfte in einem herrlichen ehemaligen Gutshaus aus dem 18. Jh. bei Cēsis. Es gibt auch ein Restaurant. ▪ Raiskuma pagasts, Cēsu rajons, 15 km von Cēsis entfernt, Tel. 22 00 73 32, www.ungurmuiza.lv

Bauska 76

€€ | Schloss Mežotne Inmitten eines ausgedehnten englischen Landschaftsparks bietet das klassizistische Schloss, etwa 10 km westlich von Bauska gelegen, stilvolle Unterkunft und dazu ein sehr gutes Restaurant. ▪ Mežotnes pils, Mežotne, Tel. 63 96 07 11, www.mezotnespils.lv

Liepāja 79

€ | Europa City Amrita Funktionales, aber komfortables und preisgünstiges Stadthotel, die Luxuszimmer sogar mit Dampfsauna. ▪ Rīga iela 7/9, Tel. 63 48 08 88, www.groupeuropa.com

€ | Liva Das sehr zentrale Hotel aus sowjetischen Zeiten ist zwar kein Schmuckstück, dafür aber ordentlich renoviert und zu äußerst moderaten Preisen buchbar. ▪ Lielā iela 11, Tel. 63 42 01 02, www.livahotel.lv

€€ | Parkhotel Roze Bezauberndes typisches Jugendstilhaus in Küstennähe mit netten Zimmern und Wintergarten, umgeben von viel Grün. ▪ Rožu iela 37, Tel. 63 42 11 55, www.lv.parkhotelliepaja.lv

(17) €€€ | Promenade Hotel Das vielleicht beste Hotel Liepājas bietet für seine fünf Sterne einen erstaunlich günstigen Preis. Das schick und modern renovierte Backsteingebäude diente seit 1797 Kaufleuten anderthalb Jahrhunderte als Lagerhaus. 2007 wurde es als Hotel wiederbelebt und verfügt unter anderem über eine eigene Kunstgalerie. ▪ Vecā Ostmala 40, Tel. 63 48 82 88, www.promenadehotel.lv

Kuldīga 80

€€ | Metropole Nettes Altstadthotel mit freundlichem Service. ▪ Baznīcas iela 11, Tel. 63 35 05 88, www.hotel-metropole.lv

Ventspils 82

€ | Dzintarjūra Zentral gelegenes Hotel mit sehr gutem Frühstück. ▪ Ganību iela 26, Tel. 63 62 27 19, www.dzintarjura.lv

Slītere-Nationalpark 84

€ | Pūpoli Gästehaus nahe Dundaga mit vier Zimmern und Sauna. ▪ Gipka ieala, Dundagas pagasts, Tel. 26 55 40 01, www.celotajs.lv/de/e/pupoli

€ | Zitari Gästehaus mit schlichten, aber angenehmen Zimmern und Restaurant. ▪ Kolka, Tel. 28 16 00 18, www.zitari.viss.lv

Talsi 85

€ | Talsi Großer, nüchterner Hotelbau aus den 1970er-Jahren mit modernisierten Zimmern am Vilkmuižas-See. ▪ Kareivju iela 16, Tel. 63 23 20 20, www.hoteltalsi.lv

Litauen

Von der barocken Hauptstadt Vilnius über die märchenhafte Wasser-
burg Trakai bis zur traumhaft schönen Kurischen Nehrung

Während Riga und Tallinn dem Meer
zugewandt sind, liegt Litauens Hauptstadt Vilnius deutlich im Landesinne-
ren, unweit der Grenze zu Weißrussland. Eine Seefahrernation waren die
Litauer nie, dafür besteht ihr Stolz dar-
in, als einziges der baltischen Länder
bereits im Mittelalter über eine eigene
Staatlichkeit verfügt und bis zum
Schwarzen Meer geherrscht zu haben.
Entsprechend allgegenwärtig sind im
barocken Vilnius die Namen der alten
Großfürsten. Unbedingt sehenswert
sind neben Vilnius auch die einstige
Hauptstadt Kaunas sowie Litauens
quirlige Hafenstadt Klaipėda. Letztere
ist das Tor zur Kurischen Nehrung, die
für Naturliebhaber zwischen Haff und
Ostsee den Höhepunkt jeder Rundreise darstellt.

In diesem Kapitel:

ADAC Top Tipps:

8 **Tor der Morgenröte, Vilnius**
| Stadttor |
Das prächtige Tor zur Altstadt von
Vilnius ist mit seiner Kapelle für zahl-
lose Gläubige gleichzeitig ein wich-
tiger Pilgerort. 99

9 **Wasserburg, Trakai**
| Burg |
Der Stolz einer Nation: Die mächtige
mittelalterliche Wasserburg aus dem
14. Jh. ganz in der Nähe von Vilnius
symbolisiert für die Litauer die Souveränität ihres Landes. 103

10 **Kurische Nehrung**
| Landschaft |
Kiefern, Sand und Wasser, ab und an
ein paar eingestreute Dörfer mit Holzhäusern: Das Paradies braucht nur
wenige Zutaten. Hier fühlte sich
schon Thomas Mann wohl. 118

ADAC Empfehlungen:

 Annenkirche, Vilnius
| Kirche |
Ein Meisterwerk der Backsteingotik
mit einzigartiger Fassade. 94

Senoji Kibininė, Trakai
| Restaurant |
In diesem Restaurant lässt sich die
karäische Geschichte kulinarisch
erkunden. 104

Grūtas-Park
| Freilichtmuseum |
Ein Waldfriedhof für die sozialistische
Vergangenheit des Landes. 107

 Čiurlionis-Kunstmuseum, Kaunas
| Kunstmuseum |
Das einzigartige Werk eines Künstlers,
der Maler und Komponist war. 111

 Berg der Kreuze
| Gedenkstätte |
Nirgendwo sonst wird die tiefe Religiosität der Litauer so deutlich. 114

 Bernsteinmuseum, Palanga
| Museum |
Das Gold der Ostsee, präsentiert in
einem beeindruckenden Schloss in
Litauens Badeort Nummer eins. 115

 Klaipėda
| Hafenstadt |
Litauens Hafenstadt verfügt über eine
lebendige Kulturszene. 116

 Shakespeare Boutique Hotel, Vilnius
| Hotel |
Komfortabel nächtigen in der historischen Altstadt von Vilnius. 122

28 Vilnius
Rauschender Barock: Kirchen, Klöster, Lebenslust

Blick vom Gediminashügel über die Altstadt von Vilnius

ℹ Information

■ Vilniaus Turizmo Informacijos Centras
(TIC), Pilies gatvė 2, 01124 Vilnius,
Tel. 52 62 96 60; Didžioji gatvė 31, 01128
Vilnius, Tel. 52 62 64 70, www.vilnius-
tourism.lt, tgl. 9–12/13, 13/14–18 Uhr
■ Parken: siehe S. 101

Die litauische Hauptstadt (570 000
Einw.) liegt im Südosten des Landes,
nur 20 km von der weißrussischen
Grenze entfernt. Vilnius ist eine Stadt
der Kirchen. Allein 40 sind es in der rund
2 km² großen Altstadt.
Der Legende nach träumte einst Großfürst Gediminas (1316–41) in dieser Gegend von einem Wolf, der ungewöhn-
lich laut heulte. Der Traumdeuter
empfahl ihm, sich hier anzusiedeln,
da der Wolf für Macht und Ruhm stün-
de. Soweit die Legende. Tatsächlich
bewog Gediminas um 1316 wohl die
günstige Lage an den Flussläufen von
Vilnia und Neris zur Gründung der
Stadt Vilnius. Bereits 1320 verlegte der
Großfürst seine Residenz aus dem nahen Trakai hierher.
Eine erste Blütezeit erlebte Vilnius als
Handelsstadt zwischen Schwarzem
Meer und Ostsee im 15. und 16. Jh. Die
1579 gegründete Universität sorgte für
ein lebendiges Kulturleben, an dem
auch immer mehr Juden teilhatten.

Plan
S. 93

Rote Armee befreite Vilnius 1944 von den Nazis, terrorisierte die Menschen aber auf ihre Weise. Während der Sowjetherrschaft wurden 63 000 Litauer, die als Gefahr für die Kommunisten galten, nach Sibirien verbannt. Als Litauen 1990 seine Selbstständigkeit verkündete, begrüßten die Zeitungen euphorisch die »Rückkehr des Landes aus Sibirien«. Heute sind große Teile der Altstadt sorgfältig restauriert, seit 1994 zählt sie zum UNESCO-Weltkulturerbe. Der wirtschaftliche Aufschwung spiegelt sich in den Schaufenstern der Pilies gatvė und des Gediminas-Prospekts, wo internationale Modelabels ihre Filialen haben.

Rund um den Gediminashügel

Der historische Kern der litauischen Hauptstadt

Der 48 m hohe Gediminashügel kündet mit dem Gediminasturm bis heute von den mittelalterlichen Wurzeln von Vilnius. An seinem Fuß sind einige der besten Museen der Hauptstadt versammelt.

 Sehenswert

 Gediminasturm
| Festungsturm |

Fürst Gediminas ließ am Zusammenfluss von Vilnia und Neris in der ersten Hälfte des 14. Jh. drei Burgen errichten: auf dem Burgberg die Obere oder Gediminas-Burg, unterhalb davon am heutigen Kathedralenplatz die Untere Burg, die später zum Palast des Groß-

1795 fiel Litauen infolge der dritten Teilung Polens an Russland.
Nach dem Ersten Weltkrieg, in dem Vilnius vier Jahre von deutschen Truppen besetzt war, erklärte Litauen 1918 seine Unabhängigkeit, Vilnius wurde Hauptstadt. Doch die Polen, die damals die Mehrheit der Stadtbevölkerung stellten, beanspruchten ihr »Wilno« und besetzten es 1920. Daher zog die Regierung nach Kaunas um. Durch den Hitler-Stalin-Pakt 1939 kam Vilnius zwar zu Litauen zurück, aber gleichzeitig verlor das Land seine Souveränität. Am 24. Juni 1941 besetzten die Deutschen Vilnius. Sie richteten Gettos ein, in denen über 40 000 Juden starben. Die

... Card kostet für
... ohne und 20 € mit
Nutzung öffentlicher Verkehrsmittel. Allerdings sind alle wichtigen Sehenswürdigkeiten bequem zu Fuß erreichbar – und der
Eintritt in Museen kostet meist
weniger als 5 €.

fürsten ausgebaut wurde, sowie auf
dem Plikasis bzw. Drei-Kreuze-Berg die
Schiefe Burg, die 1390 von Kreuzrittern
niedergebrannt wurde.

Von der Oberen Burg blieb der Gediminasturm (Gedminio bokštas) erhalten, das Wahrzeichen der Stadt, auf
dem seit 1990 wieder die Nationalflag-
ge Litauens weht. Das im Turm behei-
matete Museum dokumentiert die
Geschichte der Burgen. Von der Aussichtsplattform bietet sich ein weiter
Blick über das Kuppel- und Türme-
meer der Stadt.

2016 stellten Geologen fest, dass es am
Gediminashügel zu bedrohlichen Erd-
rutschen kommt. Der Hügel wurde
daher im November 2017 für Besucher
geschlossen und war bei Drucklegung
noch nicht wieder freigegeben.

■ Arsenalo gatvė 5, www.lnm.lt

② Museum für Angewandte Kunst
| Museum |

Am Fuß des Gediminashügels zur
Neris hin steht das Alte Arsenal mit
seiner schönen Renaissancefassade. Es
beherbergt das Museum für Angewandte Kunst (Taikomosios dailės
muziejus), das hochkarätige Wechselausstellungen präsentiert.

■ Arsenalo gatvė 3 a, www.ldm.lt, Di–Sa
11–18, So 11–16 Uhr, 2 €, erm. 1 €

③ Litauisches Nationalmuseum
| Museum |

In einem Teil des Alten Arsenals und
dem benachbarten Neuen Arsenal
dokumentiert das Litauische Nationalmuseum (Lietuvos nacionalinis muziejus) die Geschichte des Landes seit der
Steinzeit.

■ Arsenalo gatvė 1, Tel. 52 62 94 26, www.
lnm.lt, Di–So 10–18 Uhr, 2 €, erm. 1 €

④ Palast der Großfürsten
| Architektur |

Hinter dem Neuen Arsenal erhebt sich
imposant der Palast der Großfürsten
(Lietuvos Didžiosios Kunigaikštystės
valdovų rūmai). Was wirkt wie ein jahr-
hundertealter Bau, ist allerdings neu-
esten Datums: Über 300 Jahre lang
befand sich an der Stelle zwischen
Gediminashügel und Kathedrale eine
Brache, da der Palast Mitte des 17. Jh. im
Krieg gegen Russland schwer beschä-
digt und im 18. Jh. ganz abgerissen
worden war. Nach der Rekonstruktion
Anfang des 21. Jh. gewährt die historische Ausstellung Einblicke in das Leben am Hof der litauischen Herrscher
und in die architektonische Entwicklung des Gebäudeensembles.

■ Katedros aikštė 3, www.valdovurumai.
lt, Juni–Aug. Mo–Mi 10–18, Do–Sa 10–20,
So 10–16, sonst Di, Mi, Fr, Sa 10–18, Do
10–20, So 10–16 Uhr, 3 €, erm. 1 €

⑤ Kathedralenplatz
| Platz |

Der weite Kathedralenplatz (Katedros
aikštė), auf dem ein Denkmal (1996) an
den Stadtgründer Gediminas erinnert,
ist ein beliebter Treffpunkt für Jung
und Alt. An dieser Stelle hatte bereits
Fürst Mindaugas neben seinem Palast
einen Tempel für den litauischen
Hauptgott Pērkunas errichten lassen.

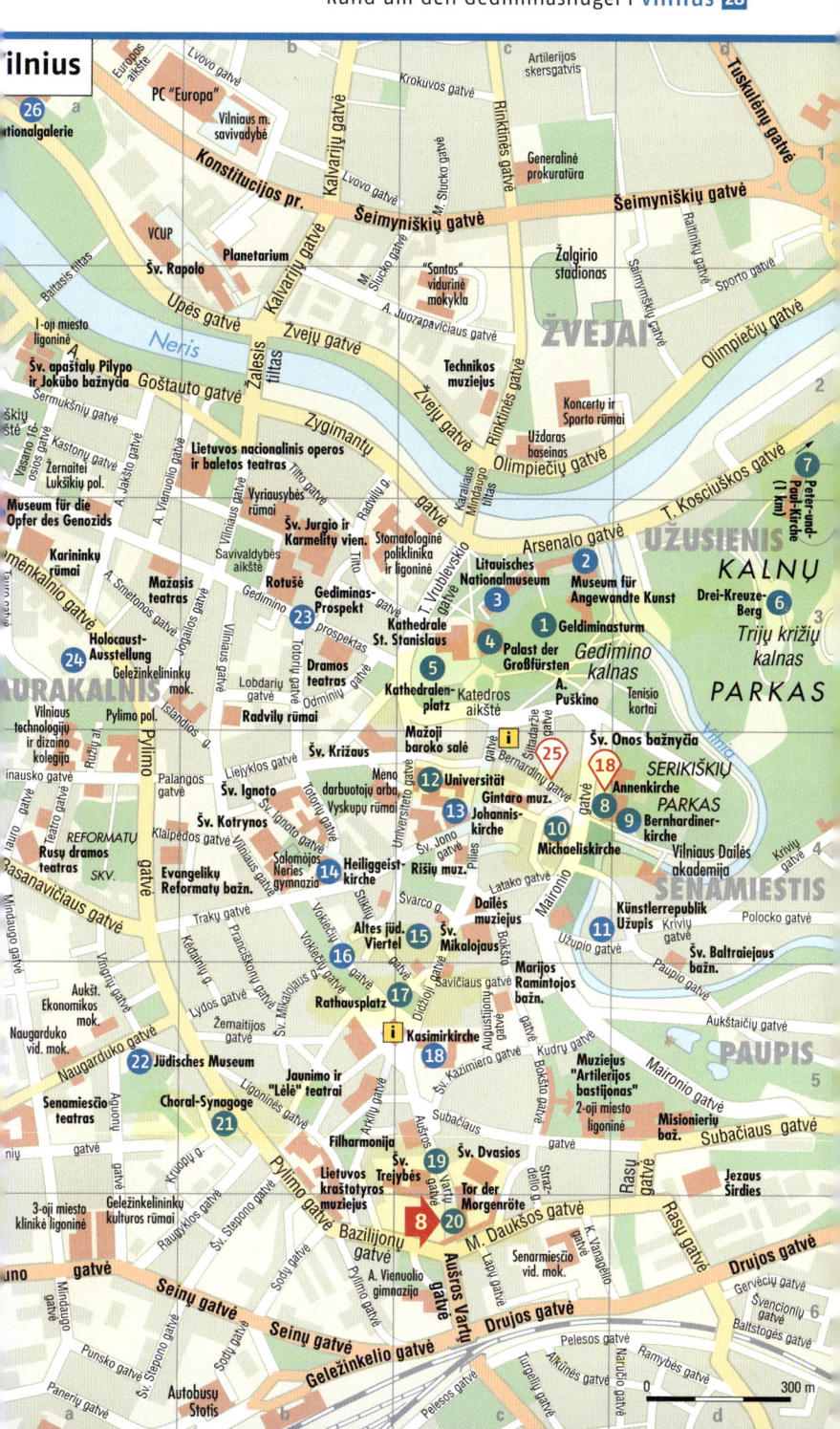

Vilnius

26 Nationalgalerie

PC "Europa"
Vilniaus m. savivadybė

VCUP
Šv. Rapolo
Planetarium

I-oji miesto ligoninė
Šv. apaštalų Pilypo ir Jokūbo bažnyčia
Sermukšnių gatvė

Museum für die Opfer des Genozids

Karininkų rūmai

24 Holocaust-Ausstellung

MURAKALNIS

Vilnius technologijų ir dizaino kolegija

Mažasis teatras
Rotušė
23 Gediminas-Prospekt

Šv. Jurgio ir Karmelitų vien.
Kathedrale St. Stanislaus

Dramos teatras
Radvilų rūmai

Palangos
Pylimo pol.
Šv. Ignoto
Šv. Kotrynos

REFORMATŲ
Rusų dramos teatras
Evangelikų Reformatų bažn.

22 Jüdisches Museum

Senamiesčio teatras
Choral-Synagoge
21

Filharmonija
Lietuvos kraštotyros muziejus

3-oji miesto klinikė ligoninė
Geležinkelininkų kultūros rūmai

Autobusų Stotis

Lietuvos nacionalinis operos ir baleto teatras
Vyriausybės rūmai

Savivaldybės aikštė

Stomatologinė poliklinika ir ligoninė

Litauisches Nationalmuseum
3

1 Gediminasturm

4 Palast der Großfürsten

Gedimino kalnas

Kathedralen-platz
Katedros aikštė

Mažoji baroko salė

25
Šv. Onos bažnyčia
18

12 Universität
Gintaro muz.
13 Johannis-kirche
Michaeliskirche 10
Heiliggeist-kirche 14
Rišių muz.
Dailės muziejus

Altes jüd. Viertel 15
Šv. Mikalojaus
16
Rathausplatz 17

Kasimirkirche 18

Jaunimo ir "Lėlė" teatrai

Šv. Trejybės bažnyčia
19 Šv. Dvasios
20 Tor der Morgenröte
8

ŽVEJAI

Technikos muziejus
Koncertų ir Sporto rūmai
Uždaras baseinas

Generalinė prokuratūra
Žalgirio stadionas

Arsenalo gatvė
2 Museum für Angewandte Kunst

UŽUSIENIS

Peter-und-Paul-Kirche (1 km) 7

KALNŲ
Drei-Kreuze-Berg 6
Trijų kryžių kalnas
PARKAS

A. Puškino
Tenisiо kortai

SERIKIŠKIŲ PARKAS
Annenkirche
9 Bernhardiner-kirche
Vilniaus Dailės akademija

SENAMIESTIS

Künstlerrepublik Užupis 11
Šv. Baltriejaus bažn.
Polocko gatvė

PAUPIS

Muziejus "Artilerijos bastijonas"
2-oji miesto ligoninė
Misionierių baž.

Jezaus Širdies

Senamiesčio vid. mok.

M. Daukšos gatvė
Drujos gatvė

Aušros Vartų gatvė

A. Vienuolio gimnazija

Drujos gatvė

0   300 m

Als Jogailas sich 1386 taufen ließ, ersetzte er den Tempel durch eine Kirche, die später vielfach umgebaut wurde. Die heutige Kathedrale (Arkikatedra bazilika, www.katedra.lt, tgl. 7–19 Uhr) stammt aus dem 18. Jh. und entstand in Form eines griechischen Tempels mit einem von sechs dorischen Säulen getragenen Portikus. Im Innenraum sind noch barocke Kapellen erhalten, darunter das Schmuckstück der Kathedrale, die Kapelle des hl. Kasimir von 1623–36. Diese ist mit farbigem Marmor, Fresken aus dem Leben des Heiligen und Skulpturen ausgestaltet. Der abseits von der Kathedrale stehende, bizarr geneigte Glockenturm entstand durch Einbeziehung eines Wehrturms des Palastes der Großfürsten. Auf den unten runden Turm mit Schießscharten setzte man im 16. Jh. drei achteckige Geschosse im Stil der Renaissance.

6 Drei-Kreuze-Berg
| Aussichtspunkt |

Der Drei-Kreuze-Berg (Trijų kryžių paminklas) bietet eine herrliche Aussicht auf Vilnius und die Flusslandschaft. Drei monumentale Betonkreuze erinnern an den Standort der Schiefen Burg, die 1390 von Kreuzrittern niedergebrannt wurde.

7 Peter-und-Paul-Kirche
| Kirche |

Die 1668–85 erbaute barocke Peter-und-Paul-Kirche (Šv. Apaštalų Petro ir Pauliaus bažnyčia) ist das vielleicht schönste Gotteshaus in Vilnius. Die Fassade lässt den Reichtum an Stuckarbeiten im Inneren kaum erahnen. Die weißen Decken und Wände zeigen Tausende Figuren in verspielten Posen, mit dramatischen Gesten und ge-

rahmt von Blumen, Ranken oder Tieren, daneben Genreszenen, biblische und mythologische Schlachtenbilder.

■ Antalkalnio 1, tgl. 6–18.30 Uhr

Altstadt

Architektonische und kulturelle Vielfalt
auf wenigen Quadratkilometern

In der Altstadt versammeln sich beinahe alle bedeutenden Sehenswürdigkeiten von Vilnius, das in der litauischen Geschichte ebenso eine wichtige Rolle spielte wie in der polnischen und jüdischen und noch heute von dieser Vielfalt geprägt ist.

 Sehenswert

8 Annenkirche
| Kirche |

 Das Meisterwerk der Gotik begeistert seit Jahrhunderten

»Wenn ich könnte, würde ich diese Kirche auf Händen nach Paris tragen«, soll Napoleon beim Anblick der Annenkirche (Šv. Onos bažnyčia) geschwärmt haben. Die grazile Kirche, bei deren Bau über 30 Arten von profiliertem Backstein verarbeitet wurden, besticht durch ihre Eleganz und stilistische Geschlossenheit. Das Meisterwerk der späten Backsteingotik entstand im ausgehenden 15. Jh. in einer sehr dynamischen Formensprache. Die flammenförmige Ornamentierung der Fassade ist einzigartig.

■ Maironio gatvė 8, Mai–Sept. tgl. 11–18, sonst 17–19 Uhr

9 Bernhardinerkirche
| Kirche |

Die Bernhardinerkirche (Bernardinų bažnyčia) fällt klobiger aus als die benachbarte Annenkirche, weil sie in die

Klassizistisches Interieur prägt die Lesesäle der Universitätsbibliothek

Stadtmauern integriert war. Die dreischiffige Kirche beeindruckt durch das Wechselspiel zwischen hohen Fenstern und schmalen Strebepfeilern. Im Innenraum sind die gotischen Fresken mit Bibelszenen sehenswert.

■ Maironio gatvė 10, www.bernardinu ansamblis.lt, Mo–Fr 7–19, Sa, So 8–19 Uhr

⑩ Michaeliskirche
| Museum |

Gegenüber der Annenkirche erhebt sich die mächtige Michaeliskirche (Šv. Mykolo bažnyčia), in deren palastartigem Inneren das Museum für Kirchliches Kulturerbe (Bažnytinio paveldo muziejus) seine Schätze präsentiert. Der 1594–1625 von einheimischen Baumeistern errichteten Renaissancekirche schließt sich das Bernhardinerinnenkloster aus dem frühen 17. Jh. an.

■ Mykolo gatvė 9, www.bpmuziejus.lt, Di–Sa 11–18 Uhr, 4,50 €, erm. 2,50 €

⑪ Künstlerrepublik Užupis
| Stadtviertel |

Mehrere Brücken führen von der Altstadt über die Vilnia in die Künstlerrepublik Užupis. Das einst völlig heruntergekommene Stadtviertel erklärte 1997 – als Kunst- und Spaßaktion – seine Unabhängigkeit von Litauen. 1990 waren viele Künstler wegen der niedrigen Mieten hierher gezogen, hatten die verfallenden Häuser restauriert und die grauen Wände mit Farbe aufgepeppt. Schließlich wurde das pittoreske Viertel mit seinen Ateliers und Cafés auch bei Politikern und Unternehmern zur beliebten Wohngegend.

⑫ Universität
| Architektur |

Die renommierte Universität von Vilnius (Vilniaus Universitetas) umfasst mehrere miteinander verbundene Gebäude, die sich um zwölf Innenhöfe

Abtauchen in das alte jüdische Viertel in der Stiklių gatvė

gruppieren. Das Viertel zwischen der Skapo- und der Jono-Straße wurde für ein 1569 gegründetes Jesuitenkolleg aufgekauft. Daraus ging 1579 die Universität hervor. Bis 1773 gab der Jesuitenorden die Forschungsrichtung vor, danach bestimmte der Staat über die »Alma mater Vilensis«. Unter russischer Herrschaft blieb die Lehranstalt wegen antizaristischer Umtriebe fast hundert Jahre (1832–1920) geschlossen. Den Sarbievius-Hof, den man von der Universiteto gatvė erreicht, umgeben die Gebäude der Universitätsbibliothek. Die Lesesäle sind wegen der klassizistischen Wand- und Deckenmalereien sehenswert.

■ Universiteto gatvė 5, www.vu.lt

⑬ Johanniskirche
| Kirche |

Die alte Universitätskirche, die Johanniskirche (Šv. Jono bažnyčia), war ursprünglich ein gotischer Bau, der im Stil der Renaissance umgedeutet und später mit Elementen des Barock und Klassizismus versehen wurde. Im Inneren ist die hübsche barocke Oginski-Kapelle mit Deckenfresken und einem vergoldeten Eisentor zu bewundern. Denkmäler erinnern an verdiente Wissenschaftler und Künstler der Wilnaer Universität. Der Turm der Kirche ist mit 68 m der höchste der Stadt.

■ Šv. Jono gatvė 12, tgl. 10–17 Uhr, Turm: Juli, Aug. tgl. 11–19.30, April–Juni, Sept., Okt. tgl. 10–18.30 Uhr, 2,50 €, erm. 1,50 €

⑭ Heiliggeistkirche
| Kirche |

In der Dominikonų gatvė steht eine der schönsten Kirchen des Spätbarock, die Heiliggeistkirche des Dominikanerklosters (Šv. Dvasios bažnyčia). Von außen deutet nur die monumentale, über 50 m aufragende Kuppel auf die wertvolle Rokokoausstattung hin. Der im 17. und 18. Jh. umgebaute Innenraum besticht durch 16 prächtige Marmoraltäre, die Kanzel, die Orgelempore sowie fantastische Fresken.

■ Dominikonų gatvė 8, tgl. 15–19 Uhr

15 Altes jüdisches Viertel
| Stadtviertel |

Die Stiklių gatvė führt ins alte jüdische »Vilne«, die Häuser und Höfe vermitteln noch mittelalterliches Flair. Damals wohnten die Juden hier sowie um die Gaon, Žydu und Antokolskio gatvė. Die Stiklių gatvė war aber auch eine der Hauptstraßen des »Kleinen Gettos«. In der nach links abzweigenden Gaon gatvė 3 erinnert eine Gedenktafel an die 11 000 von den Nazis 1941 ermordeten Bewohner. Die Žydu gatvė, die »Judengasse«, führt zu einem Wohnblock aus Sowjetzeiten; dort stand einst die Große Synagoge von 1635. Im Hof der Anlage erinnert das Denkmal für den Gaon Elia ben Salomo Salman (1720–97) an einen der größten Talmud-Gelehrten des 18. Jh.

16 Vokiečių gatvė
| Straßenzug |

In der Vokiečių gatvė, der »deutschen Straße«, lebten im Mittelalter deutsche Handwerker und Händler. Sie ließen noch vor der Christianisierung Litauens die Nikolauskirche (Šv. Mikalojaus bažnyčia, Šv. Mikalojaus gatvė 4) errichten. Der gotische Backsteinbau mit Treppengiebel wurde 1387 vollendet. Die heute lebendige Straße mit zahl-

Im Blickpunkt

Vilnius – Das Jerusalem des Nordens

Bis 1941 war Vilnius ein Zentrum der jüdischen Diaspora. Das jüdische »Vilne« war das »Jerusalem des Nordens«, die Stadt der berühmtesten jüdischen Gelehrten und Rabbiner, mit Hunderten von Schulen und Synagogen, mit Dutzenden von Verlagen und Zeitungen sowie Theatern. Man sprach Hebräisch und Jiddisch quer durch alle Gesellschaftsschichten. Die litauischen Juden, die sich Litvaken nannten, waren weltlicher und toleranter als etwa die frommen Juden in den Schtetln Galiziens. Sie waren gebildeter und hatten wesentlichen Anteil am kulturellen Leben in der Stadt.

Bereits der litauische Fürst Vytautas versprach den Juden im 14. Jh. die gleichen Rechte wie den Christen. Im 16. Jh. wurden diese festgeschrieben und 1573 wude die erste Synagoge in Vilnius errichtet. Die Stadt entwickelte sich zu einem Zentrum jüdischer Lehre und jüdischen Lebens. Im 17. Jh. kamen auf 2500 Juden 40 berühmte Rabbis, bis Ende des 19. Jh. wuchs die Zahl der Juden auf 64 000. Ihr Wohngebiet dehnte sich von den Straßen um die heutigen Gaon gatvė, Žydu gatvė und Antokolskio gatvė bis über die Vokiečių gatvė aus. Die Juden stellten mit 40 Prozent vor Polen (30 Prozent) und Russen (20 Prozent) die größte Bevölkerungsgruppe in der Stadt, während Litauer mit rund 2 Prozent eine Minderheit darstellten.

Fast die gesamte jüdische Bevölkerung wurde unter der deutschen Besatzung 1941–44 umgebracht. Die Rote Armee zählte 1944 nur 600 Überlebende in Vilnius. Aber nach der Befreiung von den Nazis wurden die Juden zu Opfern der Sowjetisierung in Litauen. Erst 1991 konnte eine neue jüdische Gemeinde in Vilnius gegründet werden, die heute rund 4000 Mitglieder zählt.

reichen Cafés und Restaurants trennte nach dem Einmarsch der Deutschen 1941 das nördlich gelegene »Kleine Getto« vom »Großen Getto«, das von hier bis zur Pylimo gatvė reichte.

17 Rathausplatz
| Platz |

Den Rathausplatz (Rotušės aikštė) dominiert das alte Rathaus (Vilniaus rotušė) mit seiner mächtigen klassizistischen Fassade, die das Gebäude Ende des 18. Jh. erhielt. Die Entwürfe stammen von Laurynas Stuoka-Gucevičius, dem Erbauer der Kathedrale.

18 Kasimirkirche
| Kirche |

Die Kasimirkirche (Kazimiero bažnyčia) von 1604 ist das erste frühbarocke Bauwerk der Stadt. Typisch für die Wilnaer Kirchenarchitektur ist die imposante Doppelturmfassade.

■ Didžioji 34, April–Sept. Mo–Sa 10–18.30, So 8–18.30, Okt.–März Mo–Sa 16–18.30, So 8–14 Uhr; Orgelkonzerte So nach der 12-Uhr-Messe

19 Aušros Vartų gatvė
| Straßenzug |

Die schönste Straße der Altstadt ist die von vielen Kirchen gesäumte Aušros Vartų gatvė. Vorbei an dem 1902 im Stil des Historismus errichteten Bau der Philharmonie kommt man zum früheren Basiliuskloster (Aušros Vartų 7), das sich zur Straße hin mit einem wunderschönen barocken Tor (1761) nach Plänen des schlesischen Baumeisters Johann Christoph Glaubitz (1700–67) präsentiert.

Das Marienbildnis in der Kapelle in Tallinns Tor der Morgenröte ist ein viel besuchter Pilgerort

Gegenüber steht die russisch-orthodoxe Heiliggeistkirche (Šv. Dvasios cerkvė, Aušros Vartų 10). Sie wurde 1610 für die russische Gemeinde errichtet und ist heute der Sitz des russisch-orthodoxen Erzbischofs von Vilnius. Der außen zurückhaltende Bau entfaltet im Inneren seine ganze opulente Pracht – vor allem durch die im Rokokostil aufwendig gestaltete Ikonostase.

Am Ende der Straße steht kurz vor dem Tor der Morgenröte die Theresienkirche (Šv. Tereses bažnyčia, Aušros Vartų 14). Der frühbarocke Bau von 1633–50 ist innen prunkvoll mit acht Rokokoaltären und einem klassizistischen Altar ausgestattet. Gemälde und Fresken (17. Jh.) zeigen Episoden aus dem Leben der spanischen Karmeliternonne Theresa.

20 Tor der Morgenröte
| Stadttor |

 Tor zur Altstadt und beliebter Pilgerort für Gläubige

Den krönenden Abschluss der Altstadt bildet das 1503–22 erbaute Tor der Morgenröte (Aušros vartai), das einzige noch erhaltene von einst neun Toren der Stadtmauer.

Über dem Torbogen errichtete man 1829 die klassizistische Kapelle für das verehrte Bildnis der »Barmherzigen Muttergottes« von 1620. Ein prunkvoller vergoldeter Rahmen umgibt das Gemälde, das als wundertätig gilt, seit es eines Nachts über der Stadt geschwebt haben soll. Die silbernen Wandpaneele sind mit zahllosen Votivgaben bestückt. Am »Tag der Madonna« (16. Nov.) zieht das Marienbild besonders viele Gläubige an.

■ Aušros Vartų gatvė 12, www.ausros vartai.lt

㉑ Choral-Synagoge
| Synagoge |

Die 1902 im maurischen Stil errichtete Choral-Synagoge (Vilniaus choralinė sinagoga) ist die einzige noch erhaltene von einst 105 Synagogen in Vilnius. Heute finden hier täglich Gebete statt.

■ Pylimo gatvė 39

㉒ Jüdisches Museum
| Museum |

Das Staatlich-Jüdische Gaon-von-Vilnius-Museum (Valstybinis Vilniaus Gaono žydų muziejus) zeigt eine umfassende, ebenso interessante wie berührende Dauerausstellung zur Geschicht der Juden in Litauen.

■ Naugarduko gatvė 10/2, www.jmuseum.lt, Mo–Do 10–18, Fr, So 10–16 Uhr, 4 €, erm. 2 €

 Einkaufen

AJ Šokoladas Köstliche Schokoladenspeziliäten aus Trakai, gut auch als Mitbringsel. ■ Pilies gatvė 8, www.ajsokoladas.lt, Plan S. 93 c4

Amber Auch wer das nötige Kleingeld nicht hat, kann die hier ausgestellten Kunstwerke aus Bernstein einfach bestaunen. ■ Aušros Vartų gatvė 9, www.ambergift.lt, Plan S. 93 c5

Visokių Daiktų Krautuvėlė Der hübsche kleine Laden in der Künstlerrepublik verkauft u. a. eine Auswahl erlesener Parfüms. ■ Užupio gatvė 20, www.vdk.lt, Plan S. 93 d4

ADAC *Spartipp*

Kräftig sparen bei den **Hotelpreisen** kann, wer für Ende September oder Anfang Oktober bucht und auf einen goldenen baltischen Herbst hofft.

Außerhalb der Altstadt

Entlang dem Gediminas-Prospekt und jenseits des Flusses

Der elegante Gediminas-Prospekt ist das Tor zur Neustadt von Vilnius. Jenseits der Neris lohnt das Nationalmuseum einen Besuch.

Sehenswert

㉓ Gediminas-Prospekt
| Straßenzug |

Der Gediminas-Prospekt (Gedimino prospektas) ist eine 1,7 km lange Flaniermeile zwischen dem Kathedralenplatz und dem Flussufer der Neris mit vielen Cafés, Restaurants und Geschäften. Die Bebauung stammt hauptsächlich aus dem 19. und 20. Jh. Der Platz der Selbstverwaltung (Savivaldybės aikštė) war im 20. Jh. die politische Machtzentrale von Vilnius und der Sowjetrepublik Litauen, bis 2001 am anderen Flussufer der Neris ein Neubau für die litauische Regierung errichtet wurde.

㉔ Holocaust-Ausstellung
| Museum |

Die Holocaust-Ausstellung (Holokausto ekspozicija) dokumentiert Getto-Alltag und Vernichtung der Juden.

■ Pamėnkalnio 12, www.jmuseum.lt, Mo–Do 9–17, Fr 9–16, So 10–16 Uhr, 3 €, erm. 1,50 €

㉕ Museum für die Opfer des Genozids
| Museum |

Im einstigen Hauptquartier des sowjetischen Geheimdienstes KGB befindet sich heute das Museum für die Opfer des Genozids (Genocido aukų muziejus). In dem stattlichen Gebäude aus

Der Gediminas-Prospekt mit der Kathedrale an seinem südlichen Ende

dem 19. Jh., das einst als Gerichtshof diente, hatte während der deutschen Besatzung die Gestapo ihren Sitz, dann zog der sowjetische Geheimdienst ein. Das Museum veranschaulicht in original erhaltenen Räumlichkeiten die Machenschaften von Gestapo und KGB. Im Keller sind 22 Zellen zu besichtigen, in denen Gestapo und KGB ihre Gefangenen quälten. Bis 1963 wurden auch Todesurteile vollstreckt.

■ Aukų gatvė 2, www.genocid.lt, Mi–Sa 10–18, So 10–17 Uhr, 4 €, erm. 1 €

 Nationalgalerie
| Museum |

Am rechten, nördlichen Neris-Ufer wird in der Nationalgalerie (Nacionalinė dailės galerija) die litauische Kunst des 20./21. Jh. präsentiert. Zur rund 46 000 Objekte umfassenden Sammlung zählen Malerei und Bildhauerei ebenso wie Fotografie, grafische Arbeiten, Installationen und Videokunst.

■ Konstitucijos prospektas 22, www.ndg. lt, Di, Mi, Fr, Sa 11–19, Do 12–20, So 11–17 Uhr, 2 €, erm. 1 €

P Parken

In Vilnius gibt es vier Parkzonen, die mit den Farben Grün (0,30 €/Std.), Gelb (0,60 €), Rot (0,90 €) und Blau (1,80 €) ausgezeichnet sind. Gezahlt werden kann an Parkautomaten mit Münzen. Die Innenstadt lässt sich am besten zu Fuß erkunden.

 Restaurants

€€ | **Medininkai** Gehobene internationale Küche sowie litauische Spezialitäten nahe dem Tor der Morgenröte in historischem Ambiente. Im Sommer

mit netter Terrasse. ■ Aušros Vartų gatvė 8, Tel. 60 08 64 91, www.medininkai.lt,
Plan S. 93 c5

€€ | Neringa Legendäres Café-Restau-
rant, das trotz Renovierung des Hauses
seinen typischen Sowjet-Charme bewahrt hat: ein schräges Ambiente, in
dem sich früher Intellektuelle und
Dissidenten trafen. ■ Gedimino prospektas 23, Tel. 52 61 40 58, www.restoranas
neringa.lt, Plan S. 93 a3

 Kneipen, Bars und Clubs

Sky Bar Einen tollen Blick über die
Stadt bietet die Bar im 22. Stock des
Radisson Blu Hotel Lietuva. ■ Konstitu-
cijos prospektas 20, Plan S. 93 a1
Tamsta Club Live-Musikclub in der
Altstadt. ■ A. Strazdelio gatvė 1, www.
tamstaclub.lt, Plan S. 93 c5

 Sport

European Center Golf Club 18-Loch-
Platz nördl. von Vilnius für Anfänger
und Profis. ■ Girijos, Tel. 61 62 63 66,
www.golfclub.lt

*Mittelalterliches Bollwerk in idyllischer
Lage zwischen mehreren Seen*

 Information

■ TIC, Karaimų gatvė 41, 21104 Trakai,
Tel. 52 85 19 34, www.trakai-visit.lt,
Mai–Sept. tgl. 9–18 Uhr, sonst kürzer

Trakai liegt 27 km westlich von Vilnius
inmitten einer verträumten Wald-
und Wiesenlandschaft, der fünf kleine

Im Blickpunkt

Die Karäer – Leibgarde des Fürsten

Trakai ist die Heimat der Karäer, eines Turkvolks jüdischen Glaubens. Die letzte
Volkszählung in Litauen konnte noch 265 Karäer nachweisen – damit stellen sie
die kleinste ethnische Minderheit in Litauen dar. Die Karäer kamen im ausgehenden 14. Jh. von der Krim nach Litauen. Der litauische Großfürst Vytautas
war durch einen Feldzug bis ans Schwarze Meer gekommen und offenbar von
den Kampfkünsten der Karäer sehr angetan – jedenfalls bat er sie, ihm in Trakai
als Leibwächter und Schlosshüter zu dienen. Das Angebot muss verlockend ge-
wesen sein, denn die Karäer erklärten sich bereit, ihm in den Norden zu folgen.
Der Glaube der Karäer stützt sich ausschließlich auf das Alte Testament, ohne
seine späteren Interpretationen und Fortschreibungen anzuerkennen. Die
Karäer haben außerdem ihren eigenen, am Mond orientierten Kalender. Ihre
quadratischen, »Kanessa« genannten Gebetshäuser findet man nur noch in
Trakai, in Vilnius und in Simferopol auf der Krim. In Trakai leben die Karäer
noch heute rund um die aus Holz gezimmerte Kanessa. Ihre grünen, gelben
und blauen Holzhäuser haben anders als die Häuser der Litauer keine Tür zur
Straße hin, sondern jeweils drei Fenster – eines ist Gott vorbehalten, eines
dem Großfürsten Vytautas, dem sie dienten, und durch das dritte Fenster
schaut der Hausherr.

Seen Profil geben. Das Gebiet gehört zum Historischen Nationalpark Trakai (Trakų istorinis nacionalis parkas, www.seniejitrakai.lt).

Das Städtchen (4400 Einw.) selbst schrieb einst große Geschichte als litauische Hauptstadt. Trakai war im 13. Jh. Sitz des Großfürstentums, bis Großfürst Gediminas um 1320 Vilnius zur Residenz erklärte. In der zweiten Hälfte des 14. Jh. entstand auf einer Insel im Galvé-See eine Burg von großer strategischer Bedeutung. Man konnte sich erfolgreich gegen die Angriffe der Kreuzritter zur Wehr setzen und Litauen vor einer Fremdherrschaft bewahren. Trakai ist für die Litauer bis heute ein Symbol für die Souveränität des Landes. Nachdem die erste Burg in Flammen aufgegangen war, errichtete Großfürst Vytautas Ende des 14. Jh. eine neue Wasserburg, die an Bedeutung verlor, nachdem der Orden 1410 von einem polnisch-litauischen Heer bei Tannenberg geschlagen worden und Vytautas 1430 gestorben war.

 Sehenswert

Wasserburg
| Burg |

 Ein nationales Symbol Litauens und der Stolz des ganzen Landes
Über eine lange Holzbrücke erreicht man die wunderschöne Wasserburg (Trakų salos pilis). Das imposante Backsteinensemble vor malerischer Landschaftskulisse ist in Wirklichkeit das Ergebnis von jahrelangen aufwendigen Restaurierungsarbeiten. Die gotische Anlage des 14. Jh. wurde 1655 im Krieg gegen Russland zerstört und anschließend geschleift.

Der Torturm geleitet in den trapezförmigen Innenhof. Dieser ist von 7 m

ADAC *Mobil*

Parken in Trakai ist gebührenpflichtig (0,40–1 € je nach Zone). **Busbahnhof** und **Bahnhof** befinden sich ca. 2 bzw. 2,5 km südlich der Burg. Vom Busbahnhof Vilnius verkehren tgl. bis zu 50 Busse nach Trakai, jedoch nur rund ein halbes Dutzend Züge.

hohen Mauern und mächtigen, fünfgeschossigen Ecktürmen umgeben. Die Hauptburg (Palas) erreicht man über einen weiteren, kleineren Hof. Im ersten Obergeschoss des rechten Gebäudes liegt der Thronsaal mit wunderschönem gotischen Sterngewölbe und Freskenrelikten.

■ Karaimų gatvė 43 C, www.trakai muziejus.lt, Mai–Sept. tgl. 10–19, März, April, Okt. Di–So 10–18, Nov.–Feb. Di–So 10–17 Uhr, 7 €, erm. 3,50 €

Karäer-Straße
| Straßenzug |

Nach dem Volk der Karäer, Angehörigen einer turksprachigen Ethnie jüdischen Glaubens, heißt Trakais Hauptstraße Karaimų. Sie führt mitten durch den Ort zur Burg und wird gesäumt von den wichtigsten Sehenswürdigkeiten. Haus Nr. 22 ist der Sitz des Karäer-Museums (S. Šapšalo karaimų tautos muziejus), in dem Kleidungsstücke und Alltagsgegenstände die Kultur des Turkvolkes dokumentieren. In der Karaimų Nr. 30 erhebt sich die Kanessa, das schlichte Gebetshaus der Karäer, das man nur von außen besichtigen kann.

■ S. Šapšalo karaimų tautos muziejus, Karaimų gatvė 22, www.trakaimuziejus.lt, April–Okt. Mi–So 10–18, Nov.–März 9–17 Uhr, 2 €, erm. 1 €

Der ganze Stolz Litauens ist die malerische Wasserburg Trakai

Restaurants

19 **€ | Senoji Kibininė** Gute karäische Küche. Das Nationalgericht der Karäer nennt sich »Kibinai« und ist eine Art Fleischpastete. ■ Karaimų gatvė 65, Tel. 52 85 58 65, www.kibinas.lt

Sport

Trasalis Großer Freizeitkomplex mit Wasserpark, Wellnescenter, Bowling-Bahn und Hotel. ■ Gediminio gatvė 26, Trakai, www.trasalis.lt

30 Europas Zentrum

Nördlich von Vilnius liegt der geografische Mittelpunkt Europas

Nach Berechnungen französischer Geografen liegt der Mittelpunkt Europas – im Schnittpunkt der Linien Gibraltar–Ural und Nordkap–Kreta – bei 54° 54′ nördlicher Breite und 25° 19′ östlicher Länge, also etwa 26 km nördlich von Vilnius. Europas Zentrum (Europos centras) markiert seit 2004 eine Säule mit Sternenkranz des Bildhauers Gediminas Jokūbonis.

Sehenswert

Europapark
| Freilichtmuseum |
Bereits 1993 richtete der Künstler Gintaras Karosas 18 km nördlich von Vilnius bei Joneikiškės den Europapark (Europos parkas) ein. Über 100 Skulpturen von zeitgenössischen Künstlern aus 33 Ländern fügen sich mitten in der Wald- und Wiesenlandschaft zu einem spannenden Freilichtmuseum.
■ Joneikiškės, www.europosparkas.lt, tgl. 10 Uhr bis Sonnenuntergang, 9 €, erm. 7 €

Aukštaitija–Nationalpark

Die Eiszeit hinterließ himmlische Seen für jede Menge Freizeitspaß

Information

■ Aukštaitijos nacionalinio parko lankytojų centras, Lūšių gatvė 16, 30202 Palūšė, Tel. 38 65 31 35, www.anp.lt, Mo–Do 8–16.30, Fr 8–15.30 Uhr

Seit 1974 wird die wunderschöne Natur der Region Aukštaitija (Oberlitauen) im Aukštaitija-Nationalpark (Aukštaitijos nacionalinis parkas) geschützt. Litauens ältester Nationalpark umfasst auf rund 400 km² eine Seenplatte mit mehr als 120 Seen sowie ein Fluss- und Kanalnetz, die das Herz jedes Wassersportlers höherschlagen lassen. Obwohl inzwischen viele Einwohner der Hauptstadt Vilnius den 115 km nordöstlich der Hauptstadt gelegenen Park am Wochenende als beliebtes Freizeitziel ansteuern, sind Naturgenuss und Ruhe fast überall garantiert. Damit man in den weit verstreuten Dörfern und zum Teil unerschlossenen dichten Wäldern nicht verloren geht, sollte man zunächst von Ignalia nach Palūšė zum Besucherzentrum (s. o.) fahren.

Sehenswert

Imkereimuseum
| Museum |
Wer nicht wandern, Vögel beobachten oder nach Luchsen Ausschau halten möchte, findet in Štripeikiai eine Alternative: Das Imkereimuseum (Bitininkystės muziejus) bietet interessante Informationen über Bienenvölker und Honigprodukte sowie allerlei süße Kostproben.
■ Štripeikiai, Mai–Okt. Di–So 10–18 Uhr, www.biciumuziejus.lt, 2 €, erm. 1 €

Sport

Palūšės Valentinė Kanus und Kajaks für die Erkundung des Nationalparks.
■ Pašakarvio gatvė, Palūšė, Tel. 65 05 85 15, www.valtine.lt, ab 3 € pro Std.

Dzūkija–Nationalpark

Wald- und wasserreiche Heimat litauischer Märchen- und Sagengestalten

Information

■ Besucherzentrum, Vilniaus gatvė 2, 65334 Merkinė, Tel. 31 04 46 41, www.cepkeliai-dzukija.lt, Mo–Fr 8–17, Sa 8–15.45 Uhr

Über 580 km² erstreckt sich im Süden von Litauen der Dzūkija-Nationalpark (Dzūkija nacionalinis parkas) mit vielen zauberhaften Seen, Wäldern voller Beeren und Pilze, geheimnisvollen Mooren. Den Čiurlionis-Weg von Druskininkai über Merkinė nach Varėna, Čiurlionis' Geburtsort (S. 112), markieren eindrucksvolle Holzskulpturen, in denen Bildhauer Motive der litauischen Volkskunst interpretiert haben.

Sehenswert

Burgberg
| Aussichtspunkt |
Der Burgberg (Piliakalnis) im hübschen Örtchen Merkinė bietet einen traumhaften Ausblick auf die Memel-Schleifen.

33 Druskininkai

Das beschauliche Heilbad an der Memel bietet Genuss pur

 Information

■ TIC, Gardino gatvé 3 (hinter dem Busbahnhof), 60800 Druskininkai, Tel. 31 36 08 00, www.info.druskininkai.lt, Mo–Fr 8.30–17.15 Uhr

Der berühmteste litauische Kurort Druskininkai (ca. 13 000 Einw.) zieht seit dem 19. Jh. mit seinen Mineralquellen Erholungssuchende an. Außerdem sorgen Fichten- und Kiefernwälder für eine würzige, frische Luft. Die Kureinrichtungen verfügen über attraktive Wellnessbereiche mit herrlichen Saunalandschaften. Zur Schönheit der Umgebung trägt die Memel (Nemunas) bei, die in vielen Windungen durch die liebliche Hügellandschaft fließt, z. B. das 5 km südlich des Städtchens gelegene Raigardas-Tal (Raigardo slenis). Besonders im 19. Jh. zogen Maler und Dichter in die Natur und ließen sich von der romantischen Stimmung inspirieren. Während der ersten litauischen Unabhängigkeit gehörte Druskininkai zu Polen, danach wurde die Stadt Weißrussland zugeschlagen und seit Ende des Zweiten Weltkriegs gehört sie wieder zu Litauen. Der Ort besticht vor allem durch die beschauliche Atmosphäre, die die ortstypischen Holzhäuschen verbreiten.

 Sehenswert

Čiurlionis-Museum

| Museum |

Nicht versäumen sollte man das vier Häuser umfassende M.-K.-Čiurlionis-Gedenkmuseum (M. K. Čiurlionio memorialinis muziejus). Der Maler Mikalojus Konstantinas Čiurlionis (1875–1911, S. 112) verbrachte in einem der Holzhäuser seine Kindheit. Heute werden hier Leben und Werk des großen Kreativen dargestellt. Zwei weitere Häuschen sind im Stil der Zeit um 1900 eingerichtet. Im Sommer gibt es im Garten Konzerte mit seiner Musik.

■ M. K. Čiurlionio gatvé 35, www.ciurlionis.lt, Di–So 11–17 Uhr, 2 €, erm. 1 €

Seilbahn

| Ausblick |

Vor dem Aquapark fährt eine Seilbahn ab, die Fahrgäste in eine moderne Skiarena am anderen Flussufer befördert. Die Fahrt lohnt sich aber auch ohne Wintersport allein für den herrlichen Blick auf die Memel inmitten weiter Wälder.

■ Mai–Juli tgl. 10–22, sonst bis 20 Uhr, hin und zurück 5 €, erm. 4,50 €

 Restaurants

€ | The House Rustikale Speisen wie Burger und Steaks, aber auch gute Auswahl an Kartoffelpuffern, Pfannkuchen und Frühstück. ■ Čiurlionio gatvé 61, Tel. 67 91 47 38, www.thehouse.lt

 Kinder

Akva Parkas Der moderne Aquapark bietet Badespaß für die ganze Familie.

■ Vilniaus aléja 13, www.akvapark.lt, tgl. Mo–Fr 12–22/23, Sa, So 10–22/23 Uhr, 2 Std. ab 11 €, Kinder ab 6 €

 Sport

Fahrradverleih Agne ■ Vilniaus aléja 10, Mobil 68 68 70 22

Zeugnisse des zu Grabe getragenen Sozialismus findet man im Grütas-Park

 In der Umgebung

Grütas-Park

| Freilichtmuseum |

 Ein Friedhof für die steinernen Überreste des Sozialismus

7 km östlich von Druskininkai liegt der populäre Skulpturenpark von Grūtas, der im Volksmund »Stalins Welt« genannt wird. Ausgemusterte Statuen von Marx, Engels, Lenin, Stalin und einigen litauischen Apparatschiks stehen hier im Park beieinander. Eine skurrile Versammlung von 65 kleinen und großen Revolutionären mit kämpferischen Mienen und gereckten Fäusten. Für Idee und Realisierung des Parkprojekts erhielt der Millionär Viliumas Malinauskas, dessen Vater eines von 260 000 Opfern des Sowjetregimes war, 2001 den alternativen Nobelpreis.

In Litauen war die Bereitschaft, sich mit der Zeit des Sozialismus kritisch zu befassen, nach der wiedererlangten Unabhängigkeit zunächst gering. Am liebsten hätte man alle Denkmäler vom Sockel gestürzt und zertrümmert. Malinauskas half, diese monumentalen Zeugen für eine Auseinandersetzung mit der jüngeren litauischen Vergangenheit zu bewahren. Bei einem Spaziergang durch den wunderbaren Wald und die erläuternde Dokumentation auf dem Gelände wird die Geschichte der sowjetischen Besatzung anschaulich. Selbst die Speisekarte des Cafés, die Klassiker der osteuropäischen Küche bietet, beschwört Erinnerungen an die sowjetische Zeit herauf.

■ Grūto parkas, www.grutoparkas.lt, Sommer tgl. 9–22, Winter bis 17 Uhr, 7,50 €, erm. 4 €

34 Kaunas

Die alte Festungsstadt gilt als Litauens heimliche Hauptstadt

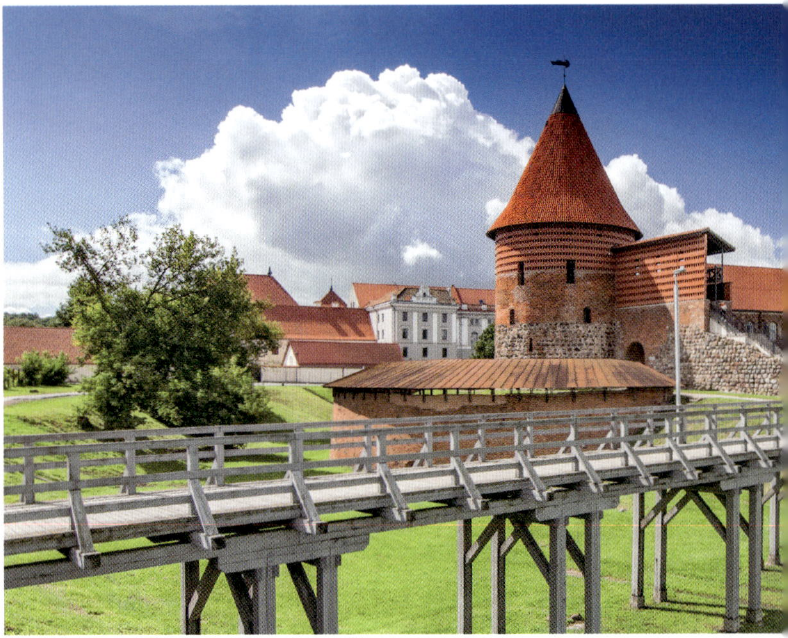

Die Ursprünge von Burg Kaunas reichen ins 14. Jh. zurück

i Information

- TIC, Rotušės a. 15, 44279 Kaunas, Tel. 61 65 09 91, www.visit.kaunas.lt, Mo–Fr 9–18, Sa 10–16, So 10–15 Uhr
- Parken: siehe S. 112

Die betriebsame Großstadt ist mit fast 300 000 Einwohnern nach Vilnius die zweitgrößte Stadt des Landes. Der im Mittelalter angelegte Marktflecken erstreckte sich auf einer Landzunge zwischen Memel (Nemunas) und Neris. 1408 erhielt Kaunas Stadtrechte und trat wenig später der Hanse bei. Bis ins 16. Jh. ging es der Stadt gut. Im 18. Jh. blühte Kaunas unter russischer Herrschaft als bedeutender Handelsposten zwischen Russland und Preußen erneut auf. Der Ort lag an der durch neun Forts befestigten Westgrenze Russlands. Das andere Ufer der Memel gehörte zu Preußen.

Seinen großen Auftritt in der Geschichte hatte Kaunas zur Zeit der ersten litauischen Unabhängigkeit. 1920–39 war Kaunas litauische Hauptstadt, weil die Polen Vilnius besetzt hielten. Um auch kulturell den Hauptstadtstatus zu unterstreichen, entstanden Museen, Theater, die Oper, die Universität, moderne Straßenzüge mit Jugendstilvillen, ein Zoo und ein Botanischer Garten.

Plan
S. 110/111

Die Altstadt

*Historisches Zentrum am Zusammen-
fluss von zwei Strömen*

Der historische Kern von Kaunas umfasst Bauten aus mehr als fünf Jahrhunderten. Entsprechend groß ist die
architektonische Stilvielfalt, von der
Gotik bis zum Neubarock.

 Sehenswert

1 Burg Kaunas
| Burg |

Die Keimzelle der Stadt bildet die Burg
(Kauno pilis) am Zusammenfluss von
Memel und Neris. 1361 wurde sie erst-

mals urkundlich erwähnt. Bis heute
blieben Teile der Befestigungsmauern
und zwei Türme, deren Gestalt im
Wesentlichen auf Umbauarbeiten des
16. Jh. zurückzuführen sind, erhalten.
Von hier oben kann man sich einen
hervorragenden Überblick über die
Stadt verschaffen.

■ Pilies gatvė 17, www.kaunomuziejus.lt,
Juni–Aug. Di–Sa 10–18, So 10–16 Uhr,
sonst kürzer, 2,50 €, erm. 1,20 €

2 Rathausplatz
| Platz |

Zentrum der Altstadt ist der Rathausplatz (Rotušės aikštė), der sich weit und
einladend gibt. Unter Kastanien- und
Ahornbäumen ruhen Passanten auf
Bänken aus – es herrscht eine fast süd-
ländische Piazza-Atmosphäre. Dominiert wird der Platz vom ungewöhnli-
chen Rathaus (Rotušė), im Volksmund
»weißer Schwan« genannt, das eher an
eine Kirche als an ein öffentliches Gebäude erinnert. Im Kern stammt das
Rathaus von 1542, doch ein Umbau im
18. Jh. verlieh ihm die barocken Züge
und setzte mit dem 53 m hohen Turm
den markanten Akzent.
An der Nord- und Ostseite begrenzen
stattliche gotische Kaufmannshäuser
den Platz. Heute laden hier Läden und
Cafés zum Herumstöbern und Verwei-
len ein. Die Südseite beherrschen die
weiße Jesuitenkirche (Šv. Pranciškaus
Ksavero bažnyčia) mit ihrer Doppelturmfassade und das Jesuitengymna-
sium, das heute auch das Perkūnas-
haus (Perkūno namas, Aleksoto gatvė
6) einbezieht. Ein deutscher Kaufmann
ließ sich dieses Haus im 15. Jh. aus 16

Gefällt Ihnen das?

Der Giebel des **Perkūnashauses** erinnert mit seinen Erkern und Fialen an die Formensprache der **Annenkirche** in Vilnius (S. 94).

verschiedenen Ziegelarten errichten. Die Jesuiten nutzten das sakral anmutende Gebäude im 17. Jh. als Kapelle.

Maironis-Museum
| Museum |

An der Westseite des Rathausplatzes liegt das frühere Wohnhaus des litauischen Nationaldichters Maironis (1862–1932), das heute das Maironis-Museum (Maironio lietuvių literatūros muziejus) beherbergt. Mit seinen Versen trug der unter dem Pseudonym Maironis schreibende katholische Theologe Jonas Mačiulis wesentlich zur Nationalbewegung des Landes bei. Auf dem Rathausplatz steht ihm zu Ehren ein Denkmal. Begraben wurde Maironis auf dem zur Kathedrale gehörenden Friedhof.

■ Rotušės aikštė 13, www.maironio muziejus.lt, Di–Sa 9–17 Uhr, 3 €, erm. 1 €

Peter-und-Paul-Kathedrale
| Kirche |

Nordöstlich des Rathausplatzes entstand 1408–13 die größte gotische Kirche Litauens, die Peter-und-Paul-Kathedrale (Šv. Petro ir Povilo Katedra). Der beeindruckenden Backsteinarchitektur wurde im 18. Jh. ein klobiger Glockenturm angefügt.

■ Vilniaus gatvė 1

Vytautaskirche
| Kirche |

Die in ganz Litauen einzigartige Vytautaskirche (Vytautas bažnyčia) am Me-

melufer ist eine Hallenkirche gotischen Ursprungs und wurde 1410 von Großfürst Vytautas in Auftrag gegeben. Er wollte den ausländischen Kaufleuten in Kaunas ein Gotteshaus spendieren und nebenbei die Litauer von den Vorzügen des Christentums überzeugen.

■ Aleksoto gatvė 3

Die Neustadt

Entlang der Freiheitsallee durch Litauens Museumshauptstadt

Die Neustadt stellt die im 19. Jh. entstandene Erweiterung der Altstadt von Kaunas dar. Geprägt wird sie von der Laisvės alėja (Laisvės = Freiheit), der 1,7 km langen Fußgängerzone und Haupteinkaufsstraße von Kaunas. In der Neustadt präsentiert sich Kaunas außerdem als die litauische Museumshauptstadt.

Sehenswert

6 Erzengel-Michael-Kirche
| Kirche |

Am Ende der Allee glänzen die fünf Kuppeln der Erzengel-Michael-Kirche (Šv. Mykolo Arkangelo bažnyčia). Die alte russische Garnisonskirche, 1891–93 im neobyzantinischen Stil erbaut, trägt die Handschrift des Petersburger Architekten Leontij Benois (1856–1928).

■ Nepriklausomybė aikštė 14

7 Mykolas-Žilinskas-Kunstgalerie
| Kunstmuseum |

Die Mykolas-Žilinskas-Kunstgalerie bewahrt eine hochkarätige Sammlung westeuropäischer Malerei vom 16.–20. Jh. auf, die der Kunstsammler Mykolas Žilinskas seiner Heimatstadt vermachte. Hier sind neben Meisterwerken von Rubens und Corot auch

ADAC *Wussten Sie schon?*

Die **Aleksotas-Brücke** galt einst als »längste Brücke der Welt«. 13 Tage dauerte die Flussüberquerung – durch den Wechsel vom Julianischen Kalender in Russland zum gregorianischen Kalender in Preußen.

solche von Cézanne, Renoir, Liebermann und Marc zu bewundern.

■ Mykolo Žilinsko dailės galerija, Nepriklausomybė aikštė 12, www.ciurlionis.lt, Di, Mi, Fr–So 11–17, Do bis 19 Uhr, 3 €, erm. 1,50 €

8 Čiurlionis-Kunstmuseum
| Kunstmuseum |

 Malerei und Musik vereint im Werk des Nationalkünstlers

Das Čiurlionis-Kunstmuseum (Čiurlionio dailės muziejos) würdigt neben

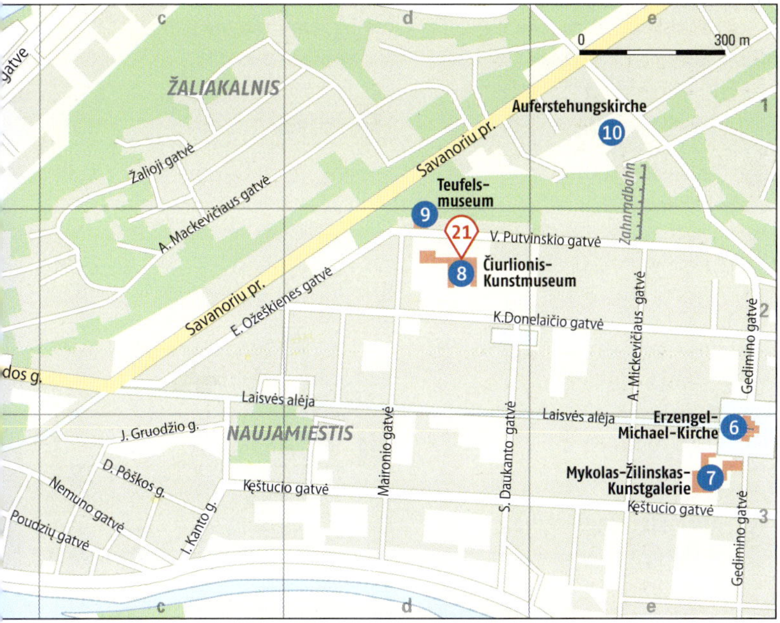

Die Neustadt Kaunas map:

- ŽALIAKALNIS
- Auferstehungskirche **10**
- Teufels-museum **9**
- **21** V. Putvinskio gatvė
- **8** Čiurlionis-Kunstmuseum
- K. Donelaičio gatvė
- Laisvės alėja
- NAUJAMIESTIS
- Laisvės alėja
- Erzengel-Michael-Kirche **6**
- Mykolas-Žilinskas-Kunstgalerie **7**
- Kęstucio gatvė
- 0   300 m

Im Blickpunkt

Mikalojus Konstantinas Čiurlionis – Maler und Musiker

Der Maler und Musiker Mikalojus Konstantinas Čiurlionis (1875–1911) zählt zu den Künstlern des Symbolismus. Seine kompositorischen und bildnerischen Arbeiten sind erfüllt von tiefer Spiritualität. In Litauen sind seine Werke sehr bekannt, da sie sich vielfach auf die litauische Märchen- und Sagenwelt beziehen. Die meisten seiner Bilder sind heute im Čiurlionis-Museum in Kaunas zu sehen. Dort gibt es außerdem einen Raum, in dem man seiner Musik lauschen kann. Čiurlionis wurde am 22. Sept. 1875 in Varėna nicht weit von Druskininkai geboren. In dem Kurort verbrachte er seine Kindheit und Jugend. Sein Vater war Organist und gab ihm die ersten Klavierstunden. Später studierte Čiurlionis in Warschau Musik und Malerei. Er lebte in St. Petersburg, Leipzig, Vilnius, kehrte aber immer wieder nach Druskininkai zurück. Hier entstanden zwischen 1896 und 1910 auch einige seiner bedeutendsten Werke. Zeit seines Lebens bemühte sich Čiurlionis um eine Synthese von Malerei und Musik. Schließlich quälten ihn psychische Probleme. Er starb am 10. April 1911 mit erst 35 Jahren.

den meist symbolistischen Bildern von Mikalojus Konstantinas Čiurlionis auch seine musikalischen Kompositionen. Außerdem gibt es eine Sammlung litauischer Volkskunst zu sehen.

■ Putvinskio gatvė 55, www.ciurlionis.lt, Di, Mi, Fr–So 11–17, Do bis 19 Uhr, 4 €, erm. 2 €

 Teufelsmuseum
| Museum |

Ein höllisches Vergnügen verspricht das Teufelsmuseum (Velnių muziejus). Die weltweit einzigartige Sammlung von Teufeln trug der exzentrische Impressionist Antanas Žmuidzinavičius (1876–1966) zusammen.

■ Putvinskio gatvė 64, www.ciurlionis.lt, Di, Mi, Fr–So 11–17, Do 11–19 Uhr, 3 €, erm. 1,50 €

 Auferstehungskirche
| Kirche |

Von der Putviskio gatvė 22 führt eine Zahnradbahn (Žaliakalnio funikulieri-

us) auf den Grünen Berg (Žaliakalnis). Dort erhebt sich die Auferstehungskirche (Prisikėlimo bažnyčia). Karolis Raisonas entwarf diesen dem Funktionalismus verpflichteten Bau 1932.

■ Žemaičių gatvė 31A

 Parken

Sowohl die Vilniaus gatvė in der Altstadt als auch die sich anschließende Laisvės alėja in der Neustadt sind verkehrsberuhigt, sodass man ganz entspannt vom Rathausplatz bis zur Erzengel-Michael-Kirche bummeln kann. Die Parkgebühren belasten mit 0,30 € bis 1,20 € den Geldbeutel nur mäßig.

 Restaurants

€ | 55° Gute litauische Küche zu günstigen Preisen serviert das Restaurant des Hotels Kaunas in der Neustadt.

■ Laisvės alėja 79, Tel. 37 75 08 61, www. kaunashotel.lt, Plan S. 110/111 d2

In der Umgebung

IX. Fort
| Museum |

Im IX. Fort ist etwa 7 km nördlich des Zentrums ein Gedenkmuseum für die Opfer des Holocaust (IX. Forto muziejus) untergebracht. 1941–44 befand sich hier ein deutsches Konzentrationslager, in dem Juden aus ganz Europa ermordet wurden.

■ Žemaičių plentas 73, www.9forto muziejus.lt, April–Okt. Mi–Mo 10–18, sonst Mi–So 10–16 Uhr, 3 €, erm. 1,50 €

Kloster Pažaislis
| Klosteranlage |

Östlich von Kaunas wird die Memel zum Kaunasser Meer gestaut. Am westlichen Ufer des riesigen Stausees liegt das Kloster Pažaislis (Pažaislio vienuolynas), eine prächtige barocke Anlage, die 1664–1719 von italienischen Architekten errichtet wurde.

■ T. Masiulio gatvė 31, www.pazaislis.org, Di–Fr 10–17, Sa 10–16 Uhr, 4 €, erm. 2 €

Kėdainiai

Schmuckes Städtchen mit Synagoge, Minarett und Kirche

i **Information**

■ TIC, Didžiosios Rinkos 6–3, 57248 Kėdainiai, Tel. 34 75 69 00, www.kedainiutvic.lt, Mo–Do 8–17, Fr 8–15.45, Mitte Juni–Aug. auch Sa, So 9–15 Uhr

Mehrere Marktplätze zeugen vom einstigen Reichtum des 25 000-Einwohner-Städtchens Kėdainiai (Kedahnen) im Zentrum Litauens. Bedeutung erlangte die hübsch restaurierte Klein-

Beeindruckendes Denkmal für die Opfer des Holocaust beim IX. Fort in Kaunas

stadt als Zentrum der Reformation in Litauen: Ein Teil der Adelsfamilie Radziwill war im 16. Jh. zum Calvinismus übergetreten und förderte die Ansiedlung von Protestanten unter anderem aus Schottland. Aber auch Juden und Russisch-Orthodoxe profitierten von der liberalen Ansiedlungspolitik – ebenso wie Kėdainiai.

Im 17. Jh. endete die Blütezeit der Stadt mit dem Krieg zwischen Russland und Schweden, doch die Spuren der reichen Geschichte sind bis heute im Stadtbild zu sehen.

 Sehenswert

Reformierte Kirche
| Kirche |

Das beeindruckende Gebäude der Reformierten Kirche (Reformatų bažnyčia) wurde 1653 unweit des Großen Marktplatzes (Didžioji rinka) im Stil der Renaissance fertiggestellt. Zu sowjetischen Zeiten wurde die Kirche als Sporthalle genutzt. Heute ist hier wieder das Mausoleum (Kunigaikščių Radvilų mauzoliejus) der für die Stadtgeschichte so bedeutenden Radziwill-Familie zugänglich.

■ Senoji gatvė 1, Tel. 34 75 36 85, www.kedainiumuziejus.lt, Mai–Sept. 11–17 Uhr, sonst auf tel. Anfrage, 2 €, erm. 1 €

Multikulturelles Zentrum
| Ausstellung |

Am Alten Marktplatz (Senoji rinka) sind zwei alte Synagogen erhalten. Kėdainiai hatte ein blühendes jüdisches Leben, das zu einem jähen Erliegen kam, als deutsche Besatzer 1941 ein Massaker an 2000 Menschen verübten. Heute ist in den Räumen einer Synagoge das Multikulturelle Zentrum (Daugiakultūris centras) un-

tergebracht, das in einer kleinen Ausstellung über die Geschichte der Juden in Kėdainiai informiert.

■ Senosios Rinkos 12, Di–Sa 10–17 Uhr, 1,60 €, erm. 0,80 €

Minarett
| Architektur |

Unweit des Bahnhofs steht in einem Park ein weißes Minarett (Kėdainių minaretas). Es hatte jedoch nie eine religiöse Funktion, sondern wurde 1882 als Aussichtsturm gebaut – Anlass war der Sieg des Zarenreichs im Krieg gegen die Türken, in dessen Zuge auch die Krim zu Russland kam.

■ S. Dariaus ir S. Girėno gatvė 5D

 Restaurants

€ | **Novus Rex** Gutes Restaurant in der Altstadt mit schmackhafter litauischer Küche. ■ Didzioji gatvė 52, Tel. 34 75 55 55, www.novusrex.lt

Berg der Kreuze

 Die eindrucksvolle nationale Gedenkstätte der Litauer

i Information

■ TIC, Vilniaus gatvė 213, 76348 Šiauliai, Tel. 41 52 31 10, tic.siauliai.lt, Mo–Fr 9–18, Sa 10–16, Juni–Aug. auch So 10–14 Uhr

10 km nördlich der Industriestadt Šiauliai (Schaulen), die in den Weltkriegen nahezu völlig zerstört wurde, liegt eine der Hauptattraktionen Litauens, der Berg der Kreuze (Kryžių kalnas). Auf einem 9 m hohen Hügel drängen sich mehrere Zehntausend größere Kreuze, diese wiederum behangen mit unzähligen kleineren Kreuzen. Die ersten

Kreuze wurden im 19. Jh. nach den Aufständen gegen die Russen aufgestellt – für die im Kampf gefallenen Litauer. Wiederholt ließen die sowjetischen Machthaber die Stätte nationalen Gedenkens einebnen. Doch die Litauer trugen in den 1980er-Jahren mehr Kreuze als je zuvor hierher. Nirgendwo sonst zeigt sich der Wille zur Unabhängigkeit und die tief empfundene Religiosität der Litauer so eindrucksvoll wie hier.

■ www.kryziukalnas.lt

 Restaurants

€ | **Juonė Pastuogė** Schmackhafte litauische Küche, abends oft Livemusik. ■ Aušros 31a, Šiauliai, Tel. 41 52 49 26, www.jonis.lt

37 Palanga

Romantische Sonnenuntergänge und das Gold der Ostsee

 Information

■ TIC, Vytauto gatvé 94, 00132 Palanga, Tel. 46 04 88 11, www.palangatic.lt, Juni–Aug. Mo–Fr 8–19, Sa, So 10–16 Uhr, sonst kürzer

Palanga (Polangen) ist Litauens bedeutendstes Ostseebad. Der Ort hat außerhalb der Saison rund 15 000 Einwohner, im Sommer jedoch fünfmal so viele. Brom-, kalzium- und magnesiumhaltige Quellen, feine weiße Sandstrände und weitläufige Kiefernwälder lockten schon im 19. Jh. wohlhabende Gäste an. Heute vergnügen sich die Urlauber z. B. bei Beachvolleyball, Kitesurfen und auf ausgelassenen Strandpartys. Andere beobachten das bunte

Berg der Kreuze: ein Symbol für den unbedingten Willen zur Unabhängigkeit

Treiben am Strand lieber von der langen Seebrücke aus. Von hier hat man auch den schönsten Blick auf den Sonnenuntergang.

 Sehenswert

Bernsteinmuseum
| Museum |

 Prächtiges Schloss mit wertvoller Ausstellung

1824 kaufte Graf Tiškevičius ganz Palanga und ließ sich ein Schloss im Stil der Neorenaissance errichten, das sich zum Mittelpunkt des mondänen Kurlebens entwickelte. Heute präsentiert hier das Bernsteinmuseum (Palangos gintaro muziejus), das aus der Samm-

Die Hafenstadt Klaipėda ist das Tor zur Kurischen Nehrung

lung des Grafen hervorging, 25 000 Exponate aus »baltischem Gold«. Sehr interessant sind die im 7.–9. Jh. aus Bernstein gearbeiteten Schmuckstücke, daneben auch viele schöne Einschlüsse u. a. `mit urgeschichtlichen Fliegen. Einen besonderen Genuss versprechen die klassischen Sommerkonzerte auf der Terrasse. Das Schloss ist von einem prächtigen, ausgedehnten Park umgeben.

■ Vytauto gatvė 17, www.pgm.lt, Juni–Aug. Di–Sa 10–20, So 11–19, Sept.–Mai Di–Sa 11–17, So 11–16 Uhr, 3 €, erm. 1,50 €

 Restaurants

€€ | **Vila Ramybė** Leckere regionale Gerichte bietet das Restaurant des ruhig gelegenen Hotels. ■ Vytauto gatvė 54, Tel. 46 05 41 24, www.vilaramybe.lt

38 Klaipėda

 Preußens kurzzeitige Hauptstadt ist weltoffen und lebendig

 Information

■ TIC, Turgaus gatvė 7, 91247 Klaipėda, Tel. 46 41 21 86, www.klaipedainfo.lt, Sommer Mo–Fr 9–19, Sa, So 10–16 Uhr, sonst kürzer

Klaipėda ist mit gut 150 000 Einwohnern die drittgrößte litauische Stadt, hat aber dank seiner dynamischen wirtschaftlichen Entwicklung Kaunas längst überflügelt. Die weltoffene Hafenstadt ist Litauens Tor zur Welt.
Als Gründungsdatum der Stadt gilt das Jahr 1252. Der Deutsche Orden errichtete eine Burg und nannte sie Memel – nach dem Fluss, der in einem

weitverzweigten Delta ins Kurische Haff mündet. Bei Klaipėda fließt jedoch die Danė (Dange) ins Haff. Die Ritter betrachteten diese vermutlich als einen der vielen Seitenarme der Memel. Mit der Reformation und Säkularisierung des Ordens 1525 wurde die Stadt preußisch und blieb es mit kurzen Unterbrechungen für 400 Jahre. Ins Rampenlicht der Geschichte rückte Klaipėda 1807/08 als provisorische Hauptstadt Preußens, weil Napoleon Berlin erobert hatte. Der Aufschwung auch als Hafen- und Handelsstadt wurde jäh durch eine verheerende Brandkatastrophe gebremst, die 1854 fast die ganze Stadt vernichtete. Nach 16 Jahren Zugehörigkeit zu Litauen erzwang das Deutsche Reich im März 1939 die Rückgabe des 1923 von Litauen annektierten Memelgebiets. Der kurze Zeit später ausgebrochene Zweite Weltkrieg verwüstete die Stadt und trieb die meisten Menschen in die Flucht. Zu Sowjetzeiten war Klaipėda wegen seines Hafens Sperrgebiet, in dieser Zeit siedelten sich hier viele Russen an. In jüngerer Zeit hat sich die Altstadt südlich der Danė im wahrsten Sinne des Wortes herausgeputzt.

 Sehenswert

Theaterplatz
| Platz |

Im Zentrum der Altstadt mit ihrem rechtwinkligen Straßenraster liegt der Theaterplatz (Teatro aikštė) mit dem 1857 erbauten klassizistischen Theater. Davor steht die berühmte Skulptur des »Ännchen von Tharau«, die an das gleichnamige Lied erinnert. Der Königsberger Musiker Simon Dach (1605–59) hatte es für eine Pastorentochter geschrieben. Die Skulptur für den Simon-Dach-Brunnen war ein Werk des Berliner Bildhauers Alfred Kune (1912). Als Hitler 1939 eine Rede vom Balkon des Theaters hielt, ereiferten sich Nazigrößen, dass das »Ännchen« Hitler den Rücken zuwandte. Kurze Zeit später verschwand die Figur auf Nimmerwiedersehen. Als man 1990 einen Nachguss fertigte, kehrte das zarte Mädchen mit der Blume wieder an seinen angestammten Platz zurück.

Kunsthof
| Hofanlage |

In den kleinen Straßen, die vom Theaterplatz wegführen, stehen noch hübsche Fachwerkhäuser und große Speicher. Im Fachwerkstil der Speicherhäuser wurde im 18. Jh. auch der heutige Kunsthof (Menų kiemas) errichet. Hier haben sich Kunsthandwerker niedergelassen.
■ Daržų gatvė 10

ADAC *Mobil*

Am schnellsten gelangt man von Kaunas nach Klaipėda über die gut ausgebaute Autobahn A1. Die reizvollere Strecke ist jedoch die **Landstraße 141**, die größtenteils entlang der Memel (Nemunas) verläuft. Unterwegs lohnen einige historische Orte und Burgen, die Straße und Fluss säumen, einen Besuch: **Raudondvaris**, das für sein hoch über der Stadt thronendes Rotes Schloss berühmt ist, das einst wohlhabende Handelsstädtchen **Seredžius**, das klassizistische Herrenhaus von **Veliuona**, **Raudonė** mit seinem gut erhaltenen Schloss und die lebendige Kleinstadt **Jurbarkas** mit der neogotischen Trinitaskirche von 1902.

ADAC *Wussten Sie schon?*

Nördlich von Klaipėda befand sich bis 1919 der nördlichste Ort des Deutschen Reiches: Er hörte auf den schönen Namen **Nimmersatt** und ist heute als Nemirseta ein Stadtteil von Palanga.

Museum der Geschichte Kleinlitauens

| Museum |

Kuren, Deutsche und Litauer prägten gleichermaßen die Kultur des Landstrichs um Klaipėda, dessen Geschichte dieses Museum (Mažosios Lietvos istorijos muziejus) dokumentiert.

■ Didžioji vandens 6, www.mlimuziejus. lt, Di–Sa 10–18 Uhr, 1,45 €, erm. 0,72 €

Rathaus

| Architektur |

Am nördlichen Ufer der Danė steht linker Hand das alte klassizistische Rathaus (Klaipėdos rotušė), in dem zwischen Januar 1807 und Januar 1808 der preußische König Friedrich Wilhelm III. residierte und zwischen den Weltkriegen der Landtag des Memelgebietes zusammenkam.

■ Manto gatvė 84

Liepų gatvė

| Straßenzug |

Die »Lindenstraße« in der Neustadt am Nordufer vermittelt dank ihrer historischen Bauten noch ein anschauliches Bild vom Klaipėda der Zwischenkriegszeit. Am Ende der Straße liegt der Mažvydas-Skulpturenpark an der Stelle des alten, 1979 eingeebneten Zentralfriedhofs. Klaipėda lädt jedes Jahr Bildhauer zu einem Workshop ein, deren Arbeiten den Park allmählich füllen.

 Restaurants

€€ | **Baras Senoji Hansa** Hervorragende Küche und romantische Atmosphäre bei Kerzenlicht nahe dem Theaterplaz. ■ Kurpių gatvė 1, Tel. 46 40 00 56, www.senojihansa.lt

€€ | **Friedricho pasažas** Die historische Passage wartet unter einem Dach gleich mit mehreren Restaurants und Kneipen für jeden Geschmack auf. ■ Tiltų gatvė 26a, Tel. 46 41 10 76 www. pasazas.lt

 In der Umgebung

Regionalpark Nemunas-Delta

| Flusslandschaft |

Das weitverzweigte Memeldelta mit seinem Regionalpark ist bislang noch wenig erschlossen. Als Anlaufpunkt bietet sich die Kleinstadt Šilutė (Heidekrug) an, die von Klaipėda wie auch von der Nehrung aus mit dem Schiff angefahren wird. Mit dem Auto ist sie von Klaipėda über die Landstraße 141 (50 km) erreichbar.

■ Nemuno Deltos Regioninis Parkas, www.nemunodelta.lt

39 Kurische Nehrung

10 *Saharaträume auf einem Streifen zwischen Haff und Ostsee*

 Information

■ Nida Kultur- und Tourismusinformationszentrum »Agila«, Taikos gatvė 4, 93127 Nida, Tel. 46 95 23 45, www.visitneringa.com, Mo–Fr 8–12, 13–17, Sa 9–13, 14–18 Uhr

Litauens Ostseeküste bietet den Höhepunkt jeder Baltikumreise: die Kurische Nehrung (Kuršių Nerija), die schon Thomas Mann inspirierte, der sich zwischen den Dünen wie »in der Sahara« wähnte. Die Wanderdünen zwischen Haff und Ostsee zählen zu den höchsten Europas. Feinsandig sind auch die Strände der Nehrung. Außerdem finden Radfahrer bestens ausgebaute Radwege, die durch schattige Kiefernwälder, hübsche kleine Ortschaften und am Haff entlangführen. Die Kurische Nehrung teilen sich heute Litauen und Russland. Gleich hinter Nida (Nidden) verläuft die Grenze, die nur mit Visum passiert werden kann.

Die Nehrung ist eine 98 km lange, 400 m bis 3,8 km breite, von Südwesten sanft nach Norden gebogene Landzunge, die das Kurische Haff (Kuršių Marios) seit 10 000 Jahren von der Ostsee abriegelt. Seit der letzten Eiszeit wachsen hier Kiefern, Fichten und Eichen. Auf der einen Seite der Nehrung ist das Wasser des Haffs meist still, auf der anderen befindet sich die wellenbewegte Ostsee. Dazwischen liegen vom Wind getriebene Sanddünen, dichte Wälder und – ausschließlich an der ruhigen Haffseite – die freundlichen Nehrungsdörfer.

Der Name der Nehrung leitet sich von den Kuren ab, einem baltischen Stamm, der seit dem 13. Jh. hier siedelte und vom Fischfang lebte. Die bereits im Mittelalter begonnene Abholzung der Wälder für den Schiffsbau und als Brennholz ließ die Nehrung veröden. Es gab für den Sand kein Halten mehr, die Dünen wanderten und begruben zwischen dem 16. und 19. Jh. insgesamt 14 Dörfer unter sich. »Und die Düne kam und deckte sie zu« – mit diesen Worten endet das

Mehr als 50 m hoch ragt die eindrucksvolle Parniddener Düne bei Nida auf

ADAC *Mobil*

Der Hafen Klaipėda ist Ausgangspunkt für **Touren auf die Kurische Nehrung**. Wer mit dem Auto reist, setzt vom **Neuen Hafen** (Naujoji perkėla, Nemuno gatvė 8) aus in den Nehrungsort Smiltynė über, während Fähren für Fußgänger oder Radfahrer vom **Alten Hafen** (Žvejų 8) ablegen. Abfahrten sind je nach Saison mehrmals stündlich, Fahrpläne finden sich online unter www.keltas.lt.

Autofahrer müssen auf der Nehrung zusätzlich zur Fährgebühr von 11,05 € einmalig eine **Maut** von 5 € entrichten. Die einzige Tankstelle auf der Nehrung findet sich am südlichen Ortsausgang von Nida an der Straße Richtung russische Grenze.

Gedicht »Die Frauen von Nidden« von Agnes Miegel, das die Pest auf der Nehrung beschreibt. Der preußische Staat rief Anfang des 19. Jh. ein Notprogramm zur Rettung der Nehrung ins Leben. Durch die Wiederaufforstung sind heute über 70 Prozent der Nehrung bewaldet und die Dörfer vor Versandung geschützt. 1991 wurde die Nehrung zum Nationalpark erklärt und seit 2001 zählt sie zum UNESCO-Weltnaturerbe.

Smiltynė, wo die Fähre anlegt, gehört als Ortsteil zu Klaipėda und ist mit einem großen Delfinarium inzwischen zum Rummelplatz für die Städter geworden – wer auf der Nehrung Natur und Ruhe sucht, sollte lieber gleich Richtung Süden weiterfahren, wo sich die anderen litauischen Dörfer zur Gemeinde Neringa zusammengeschlossen haben.

 Sehenswert

Juodkrantė

| Nehrungsdorf |

Das ehemals als Schwarzort bekannte Dorf ist der älteste Ort der Nehrung und besteht aus hübschen Holzhäusern. Da die Einwohner von Juodkrantė ihren Nehrungswald nicht abholzten, wurde ihr Ort als einziger nicht vom Sand geschluckt.

Hexenberg

| Wanderweg |

Vom südlichen Ortsrand Juodkrantės weist ein Schild den Spazierweg zum Hexenberg (Raganų kalnas), auf dem über 80 originelle Holzskulpturen Figuren aus der litauischen Märchen- und Sagenwelt darstellen.

■ Rėzos 48

Tote Dünen

| Dünen |

Kurz vor dem Abzweig nach Pervalka (Perwelk) befinden sich die »Toten Dünen« und »Negelnschen Dünen«, von denen man zwar einen großartigen Ausblick über das Haff genießt, unter deren Sand aber die Vorgängerdörfer von Pervalka und Preila begraben liegen. Die Einwohner von Pervalka bauten ihren Ort nach der Versandung im 19. Jh. etwa 1 km nördlich der Dünen wieder auf.

Nida

| Nehrungsdorf |

Nida (Nidden) ist der charmante Hauptort der Nehrung. Zwischen dem 16. und 19. Jh. versandete der Ort dreimal und wurde jeweils wieder neu aufgebaut. Im ausgehenden 19. Jh. fanden sich hier zahlreiche Maler ein, Lovis Corinth verewigte den Friedhof mit den Kurenbrettern, Max Pechstein hielt die rote Kirche in Öl fest. Die Kurenhäuser Nidas sind traditionell rostbraun, Fensterrahmen weiß, Türen und Giebelbretter blau gestrichen und mit Reet gedeckt. Es gibt inzwischen auch viele Neubauten in diesem Stil, meist jedoch ohne Reetdächer, aber mit Blumengärten.

Thomas-Mann-Haus

| Museum |

Am Ortseingang von Nida steht das Thomas-Mann-Haus (Thomo Manno Kultūros Centras) mit einer interessanten Ausstellung über Leben und Werk des Schriftstellers. 1929 ließ er dieses Feriendomizil errichten, in dem er an seiner Roman-Tetralogie »Joseph und seine Brüder« schrieb. Nachdem Kleinlitauen 1939 von Deutschland annektiert worden war, ging das Haus als Jagdhaus Elchwald in den Besitz Hermann Görings über.

■ Skruzdynès gatvė 17, Nida, Tel. 46 95 22 60, www.mann.lt, Mitte Mai–Mitte Sept. tgl. 10–18, sonst Di–Sa 10–17 Uhr, 2,50 €, erm. 1 €

Bernsteinmuseum

| Museum |

Das kleine Bernsteinmuseum (Gintaro Galerija) zeigt eine hübsche Ausstellung. Auch der Kauf von Schmuck aus dem »Gold der Ostsee« ist möglich.

■ Pamario 20, Nida, www.ambergallery. lt, Juni–Aug. tgl. 9–20, April, Mai, Sept., Okt. tgl. 10–19 Uhr, 1,25 €

Fischermuseum

| Museum |

Das Ethnografische Fischermuseum (Žvejo etnografinė sodyba) informiert in einem alten Fischergehöft am Haff über das Leben der Kuren.

■ Naglių gatvė 4, Nida, Juni–Aug. tgl. 10–18, Sept.–Mai Di–Sa 10–17 Uhr, 1 €, erm. 0,50 €

Parniddener Düne

| Düne |

Die größte Attraktion der Kurischen Nehrung ist die Parniddener Düne (Parnidžo kopa) 2 km südlich von Nida. Wenn man über steile Holzstufen endlich oben auf der 52 m hohen Düne angelangt ist, überwältigt einen die Aussicht: Sand über Sand, vom Wind modelliert, zwischen Meer und Haff, blendend weiß im gleißenden Sonnenlicht, golden in der Abendsonne. Ein einmaliges Naturschauspiel! In der Ferne verläuft im Sand die EU-Außengrenze, daher sollte man sich streng an die ausgeschilderten Wege halten.

 Restaurants

€€ | **Po Vyšniom** Hübsches Holzhaus. Gute litauische Küche, insbesondere leckere Fischgerichte. ■ Naglių gatvė 10, Nida, Tel. 61 25 28 22

€€ | **Villa Flora** Einladendes Hotelrestaurant mit Sonnenterrasse. ■ Kalno gatvė 7 a, Juodkrantė, Tel. 46 95 30 24, www.vilaflora.lt

 Erlebnisse

Jovila Verschiedene Ausflüge mit Segelschiffen, Kuttern oder Motorbooten von Nida ins Memeldelta oder ins Haff. ■ L. Rėzos gatvė 1–2, Juodkrantė, Tel. 68 47 87 07, www.jovila.lt

 Sport

Velonida Fahrradverleih mit Stationen in Nida und Juodkrante. ■ Tel. 68 21 47 98, www.velonida.lt, ab 3 € pro Std.

Übernachten

Litauen kennzeichnet ein starkes Preisgefälle bei den Hotels: Während Übernachten in Kleinstädten oder auf dem Land nicht ins Geld gehen muss, sind die Preise in Tourimuszentren wie Palanga oder auf der Kurischen Nehrung deutlich höher. Im Vergleich dazu ist das Angebot in den größten Städten Vilnius, Kaunas und Klaipėda recht ausdifferenziert; hier findet sich für jeden Anspruch und Geldbeutel das Richtige und ist man auch westeuropäische Ansprüche gewöhnt, in der Provinz hingegen kann auch in einem ordentlichen Hotel z. B. das Frühstücksbuffet einmal etwas knapper ausfallen als gewohnt.

Vilnius 90

€ | Litinterp Kleine litauische Gästehaus-Kette mit günstigen, netten Unterkünften – diese in der Altstadt von Vilnius. Die Anzahl der Zimmer ist begrenzt, daher vorab reservieren! ■ Bernardinų gatvė 7, Tel. 52 12 38 50, www.litinterp.lt

€€ | Atrium Großzügige Räume an der Altstadt-Flaniermeile. Restaurant im Haus. ■ Pilies gatvė 10, Tel. 52 10 77 77, www.atrium.lt

€€ | City Gate Komfortable Zimmer am Tor der Morgenröte. ■ Bazilijonų gatvė 3, Tel. 52 10 73 06, www.citygate.lt

€€ | Ivolita Am Rande der Altstadt gelegenes Hotel mit modern eingerichteten Räumen. ■ Gėlių gatvė 5, Tel. 52 64 88 35, www.vilnius.ivolita.lt

(25) €€€ | Shakespeare Boutique Hotel Das sympathische Hotel liegt in einer der schönsten Altstadtgassen von Vilnius. Alle Zimmer sind individuell und sehr geschmackvoll mit Anklängen an das 18. Jh. eingerichtet. Nicht minder stilvoll sind die gemütliche Bar und das heimelige Restaurant im Haus. ■ Bernardinų gatvė 8/8, Tel. 52 66 58 85, www.shakespeare.lt

€€€ | Stikliai Nobles Luxushotel der Relais & Chateaux-Gruppe mit allem erdenklichen Komfort im ehemaligen jüdischen Viertel. ■ Gaono gatvė 7, Tel. 52 64 95 95, www.stikliaihotel.lt

Druskininkai 106

€ | Vita Eines der drei zum Galia-Hotelkomplex gehörenden Häuser in der Nähe des Aquaparks, eher einfacher Standard. ■ Maironio gatvė 3, Tel. 31 36 05 11, www.galia.lt

€€ | Druskininkai Gut ausgestattetes Hotel mit Spa-Bereich, leckeres Frühstück. ■ Kudirkos gatvė 43, Tel. 31 35 12 00, www.grandspa.lt

Kaunas 108

€ | Metropolis Günstiges, mittelgroßes Dreisternehotel im Zentrum von Kaunas. ■ S. Daukanto gatvė 21, Tel. 37 20 59 92, www.metropolishotel.lt

€€ | Alanta Preisgünstiges, funktionales Mittelklassehotel in ruhiger Lage, 2 km vom Stadtzentrum entfernt. ■ Alantos gatvė 33, Tel. 37 73 11 42, www.alanta.lt

€€ | Best Western Santaka Ausgezeichneter Service in einem altehrwürdigen roten Stadthaus aus dem 19. Jh. mit Schwimmbad und Sauna. ■ J. Gruodžio gatvė 21, Tel. 37 30 27 02, www.santakahotel.eu

Kėdainiai 113

€ | **Grėjaus namas** Gutes Hotel in historischem, von Schotten erbautem Gebäude im Zentrum. ■ Didzioji gatvė 36, Tel. 34 75 15 00, www.grejausnamas.lt

€ | **Novus Rex** Kleines, zentral gelegenes Gästehaus mit gutem Restaurant. ■ Didzioji gatvė 52, Tel. 34 75 55 55, www.novusrex.lt

Berg der Kreuze 114

€€ | **Medžiotojų Užeiga** Das Hotel hat sich Jagd und Jägern verschrieben, das Restaurant bietet entsprechend Wildspezialitäten. ■ Dubijos gatvė 20, Šiauliai, Tel. 41 52 45 26, www.hoteluzeiga.lt

Palanga 115

€€ | **Kerpė** Preiswerte Alternative zu den großen Spa-Hotels im Zentrum von Palanga. ■ Vytauto gatvė 76, Tel. 46 05 23 79 www.kerpehotel.lt

€€€ | **Medūza** Komfortables 25-Zimmer-Hotel mit Tennisplatz und Fahrradverleih. ■ Kontininkų gatvė 9, Tel. 46 05 64 50, www.pkmeduza.lt

€€€ | **Palanga** Schickes Spa-Hotel mit großen Fenstern zum Wald, das Restaurant lockt im Sommer mit schöner Terrasse. ■ Birutės gatvė 60, Tel. 46 04 14 14, www.palangahotel.lt

Klaipėda 116

€€ | **Memel** Gutes Hotel, zu Fuß nur wenige Minuten zu Fuß von der Altstadt entfernt. ■ Bangu gatvė 4, Tel. 46 47 49 00, www.memelhotel.lt

€€ | **Navalis** Überaus behagliches Hotel in einem Backsteingebäude. ■ Manto gatvė 23, Tel. 46 40 42 00, www.navalis.lt

€€ | **Old Mill Hotel** Schickes Hotel am Hafen, einige Zimmer mit Nehrungsblick. ■ Žvejų gatvė 22, Tel. 69 87 39 01, www.oldmillhotel.lt

€€€ | **National** Elegantes, zentral in der Altstadt gelegenes Hotel. ■ Žvejų gatvė 21/Teatru gatvė 1, Tel. 46 21 11 11, www.nationalhotel.lt

Kurische Nehrung 118

€€ | **Jūratė** Preisgünstige Unterkunft noch aus Sowjetzeiten. ■ Pamario gatvė 3, Nida, Tel. 46 95 23 00, www.hotel-jurate.lt

€€ | **Vila Flora** Schönes kleines Hotel in altem Holzhaus im zweitgrößten Nehrungsort auf der litauischen Seite. ■ Kalno gatvė 7a, Juodkrantė, Tel. 46 95 30 24, www.vilaflora.lt

€€ | **Vila Preiloja** Ferienwohnungen in romantischen alten Fischerhütten, renoviert und modern ausgetattet, im winzigen Nehrungsdorf Preila (Preil). ■ Preilos 17-1, Preila, Tel. 61 37 95 97, www.vilapreiloja.lt

€€€ | **Hotel Nerija** Gute Hotelzimmer mit Frühstücksmöglichkeit im Zentrum von Nida. ■ Pamario gatvė 13, Nida, Tel. 46 95 27 77, www.neringa hotels.lt

€€€ | **Nidos Seklyčia** Kleines, feines Gästehaus mit elegantem Restaurant. ■ Lotmiskio gatvė 1, Nida, Tel. 46 95 00 00, www.neringaonline.lt.

€€€ | **Vila Banga** B & B in wunderschönem Kurenhaus. ■ Pamario gatvė 2, Nida, Tel. 68 60 80 73, www.nidosbanga.lt

Beim **ADAC Infoservice**, in den **ADAC Geschäftsstellen** sowie auf dem **Internetportal des ADAC** (www.adac.de) erhalten Sie Informationen zu den Dienstleistungen des Automobilclubs und zu Ihrem Reiseziel. Als **ADAC Mitglied** können Sie zudem die kostenlosen **ADAC TourSets® Estland, Lettland** und **Litauen** mit vielen Reiseinfos und Karten anfordern oder die **TourSet App** auf dem **Smartphone** oder **Tablet-PC** installieren (www.adac.de/toursetapp). Rufen Sie bei Notfällen und Pannen den **ADAC Notruf** bzw. den **ADAC Auslandsnotruf** an. Unser Team steht Ihnen rund um die Uhr zur Verfügung.

ADAC Infoservice

Tel. 0 800/510 11 12
Infos zu allen ADAC Leistungen
(Mo–Sa 8–20 Uhr, gebührenfrei)

ADAC Notruf Deutschland

Tel. 0 180/222 22 22
(24 Std., ca. 6 ct/Anruf, max. 42 ct/Min.
aus deutschem Mobilfunknetz)

ADAC Notruf Mobil-Kurzwahl

Tel. 22 22 22
(Gebühren variieren je nach
Netzbetreiber)

ADAC Auslandsnotruf

Tel. +49/89/22 22 22
(Gebühren variieren je nach
Netzbetreiber und Land)

Internet-Serviceangebote des ADAC für Ihre Reiseplanung

Service	Webadresse
Aktuelle Verkehrslage	www.adac.de/verkehr
ADAC Routenplaner	www.adac.de/maps
Infos zu Tankstellen und Spritpreisen	www.adac.de/tanken
Infos zu mautpflichtigen Strecken	www.adac.de/maut
Infos zu Fährverbindungen	www.adac.de/faehren
ADAC TourMail (Aktuelle Infos vor Anreise)	www.adac.de/tourmail
Informationen für Camper	www.adac.de/camping
Informationen für Motorradfahrer	www.adac.de/motorrad
Informationen für Segler und Skipper	www.adac.de/sportschifffahrt
ADAC Reiseangebote	www.adacreisen.de
ADAC Autovermietung	www.adac.de/autovermietung
ADAC Versicherungen für den Urlaub	www.adac.de/versicherungen
Weltweite Preisvorteile für ADAC Mitglieder	www.adac.de/vorteile-international

Diese **Produkte des ADAC** könnten Sie interessieren: **ADAC Reiseführer Polen, ADAC Reiseführer Usedom** und **ADAC Reiseführer Schweden** – erhältlich im Buchhandel, bei den ADAC Geschäftsstellen und in unserem ADAC Online-Shop (www.adac.de/shop).

Anreise und Einreise

Auto

Von Deutschland, Österreich und der Schweiz fährt man im Allgemeinen über Polen nach Litauen, Lettland und Estland. Sehr gut ausgebaut ist die mautpflichtige A2 von der deutschen Grenze bis Warschau. Nördlich von Warschau muss man auf Landstraßen mehr Zeit einplanen. Zwischen Polen und Litauen gibt es zwei **Grenzübergänge**: Budzisko-Kalvarija an der Via Baltica (E67) und südlich davon Ogrodniki-Lazdijai, den Touristen wählen sollten, weil er für den Schwerlastverkehr gesperrt ist. Die Grenzen zwischen den drei baltischen Staaten sind überall frei passierbar. Die gut ausgebaute **Via Baltica (E67)** verläuft von Warschau über Kaunas und Riga bis Tallinn.

Bahn und Bus

Die **Bahnfahrt** ins Baltikum ist nur etwas für Abenteurer: Vom Berliner Hauptbahnhof dauert die Fahrt nach Vilnius mindestens 20 Stunden. Viele der Züge fahren zudem durch Weißrussland (Visumspflicht!).
Von vielen Städten in Deutschland, Österreich und der Schweiz fahren **Reisebusse** ins Baltikum (Infos z. B. unter www.busliniensuche.de). Für die Fahrt ist je nach Zielort mit mindestens 14 Stunden zu rechnen (Strecke Berlin–Kaunas) die Ersparnis gegenüber dem Flugzeug ist nicht groß.

Flugzeug

Direktflüge in die baltischen Hauptstädte bietet die Lufthansa von Frankfurt an (www.lufthansa.com), weitere Städte in Deutschland, Österreich und der Schweiz werden von der lettischen Air Baltic (www.airbaltic.com) mit Vilnius, Riga und Tallinn verbunden. Austrian Airlines (www.austrian.com) hat Direktflüge von Wien nach Riga und Vilnius im Programm. Die estnische Gesellschaft Nordica (www.nordica.ee) bietet ganzjährig Flüge von Wien und München sowie im Sommer auch von Berlin und Hamburg nach Tallin an. Mehrere Strecken ins Baltikum bietet zudem der Billigflieger Ryanair (www.ryanair.com).
Flughafen Tallinn ■ Tallinna Lennujaam, www.tallinn-airport.ee. 4 km südöstl. des Stadtzentrums, Anbindung an Straßenbahnlinie 4 (15 Min.)
Flughafen Riga ■ Starptautiskā lidosta Rīga, www.riga-airport.com, 10 km westl. des Stadtzentrums, Anbindung mit Bus 22 (ca. 40 Min.)
Flughafen Vilnius ■ Tarptautinis Vilniaus oro uostas, Rodūnios kelias 2, www.vno.lt, 5 km südl. im Stadtteil Kirtimai. Am besten mit dem Zug zu erreichen (16x ab Bahnhof, 7 Min.)

Schiff

Entspannt ist die Anreise mit der Autofähre über das Meer. Nach **Litauen** verkehren Fähren von Kiel nach Klaipėda (ca. 20 Std.) mehrmals wöchentlich (DFDS Seaways Baltic GmbH, Tel. 040/389 03 71, www.dfdsseaways.de). Nach **Lettland** besteht eine Fährverbindung von Lübeck-Travemünde nach Liepāja (26,5 Std.) mehrmals wöchentlich (Stenaline Scandinavia AB, Tel. 0180/602 01 00, www.stenaline.de). Nach **Estland** gibt es keine direkte Fährverbindung. Es verkehren aber tgl. Schiffe zwischen Lübeck-Travemünde und Helsinki/Finnland (28 Std., Tel. 04 51/150 74 43, www.finnlines.com) und mehrmals tgl. zwischen Helsinki und Tallinn (2 Std., Tel. 040/547 54 12 22, www.tallink.com).

Einreise und Dokumente

Grenzkontrollen gibt es bei der Einreise aus der EU keine, denoch benötigen EU-Bürger und Schweizer einen noch mindestens drei Monate gültigen Personalausweis oder Reisepass. Kinder unter 12 Jahren brauchen einen eigenen Kinderreisepass.

 ### Auto und Straßenverkehr

Führerschein und Papiere

Autofahrer benötigen einen nationalen Führerschein, den Kfz-Schein sowie ein Nationalitätskennzeichen, sofern das Auto kein Euro-Nummernschild hat. Die Mitnahme der internationalen Grünen Versicherungskarte wird empfohlen, da sie als Versicherungsnachweis dient und bei einem Unfall die Abwicklung erleichtert – in Estland ist sie sogar verpflichtend (mit eingetragenem Länderkürzel für Estland).

Tempolimits im Baltikum

(Ausnahmen siehe Verkehrsvorschriften)

Straße	Tempolimit
Autobahn (grünes Schild)	max. 130 km/h (nur Litauen
Landstraße	max. 90 km/h
Ortschaft	max. 50 km/h

Straßennetz und Sicherheit

Vilnius ist über eine **Autobahn** mit Klaipėda, Kaunas und Panevėžys verbunden. Autobahnähnliche Straßenabschnitte gibt es um Riga und von Tallinn Richtung Narva. Die überregionalen Straßen sind durchweg in gutem Zustand, Nebenstrecken sind dagegen teilweise unbefestigt und im Sommer recht staubig. Es ist zu beachten, dass auch Standstreifen befahren werden und auf den Fahrbahnen (auch auf Autobahnen) Traktoren unterwegs sein können, Bushaltestellen existieren und die Fahrbahn mancherorts von Fußgängern überquert wird.

Verkehrsvorschriften

Abweichend von den Angaben zur **Höchstgeschwindigkeit** in der Tabelle sind mancherorts höhere Geschwindigkeiten erlaubt. Diese werden dann ausdrücklich ausgewiesen. Im Winter gilt meist eine um 20 km/h reduzierte Höchstgeschwindigkeit, auf litauischen Autobahnen z. B. von Nov.–März 110 km/h. Das **Abblendlicht** muss im Baltikum auch tagsüber eingeschaltet sein. Die **Promillegrenze** ist in Estland besonders streng, sie liegt faktisch bei 0,0. In Lettland liegt die Grenze bei 0,5 Promille, in Litauen bei 0,4.

Eine **Winterreifenpflicht** besteht in Estland, Lettland und Litauen von Nov.–März. In Litauen und Lettland muss eine **Warnweste** mitgeführt und beim Verlassen des Fahrzeugs im Falle einer Panne oder eines Unfalls angelegt werden. Zudem ist das Mitführen eines Feuerlöschers Pflicht.

Verkehrsschilder

Die **Ampel** schaltet von Grün auf blinkendes Grün, Gelb und Rot, wobei das blinkende Grün unserem Gelb entspricht. Bei Gelb darf man nicht mehr fahren! **Halteverbotszonen** sind auf der Fahrbahn mit durchgehenden, **Parkverbote** mit gestrichelten gelben Linien markiert. Da es strenge Kontrollen gibt, wird die Zuwiderhandlung schnell mit einer Kralle oder dem Abschleppen des Autos bestraft. Die weißen Ortseingangsschilder sind ab Litauen kleiner als bei der Durchreise durch Polen und fallen nicht immer gleich auf – dafür macht das Tempolimit häufig mit Bremsschwellen am Ortseingang auf sich aufmerksam!

Tanken

Das **Tankstellennetz** ist dicht und modern, Autogas ist flächendeckend erhältlich. Dennoch sollte man auf abgelegeneren Strecken frühzeitig tanken. Estland hat im Unterschied zu Lettland und Litauen auch ein vergleichsweise dichtes Netz an **Elektrotankstellen** (www.elmo.ee/charging-network), deren Abstand untereinander nicht größer als 60 km ist.

Parken

Auf dem Land und in Kleinstädten gibt es in der Regel keine Probleme bei der Parkplatzsuche. In Großstädten dagegen sind meist kostenpflichtige Parkzonen ausgewiesen, größere Teile der historischen Altstädte sind teils ganz Fußgängern vorbehalten. Die bequemste Variante ist hier, gleich bei der Hotelbuchung auf einen kostenlosen Parkplatz zu achten, den viele Häuser anbieten. Steht dieser nicht zur Verfügung, können Parkhäuser eine Alternative darstellen. Informationen hierzu finden sich in den jeweiligen Kapiteln.

Unfall

Bei Verkehrsunfällen ist es in Ihrem Interesse zur späteren Schadensregulierung sinnvoll, die Polizei zu verständigen, auch wenn dies nur bei Unfällen mit Personenschäden verpflichtend ist. Beim Aussteigen aus dem Fahrzeug ist die Warnweste anzulegen und die Unfallstelle abzusichern. Unterzeichnen Sie keine fremdsprachigen Schriftstücke, deren Inhalt Sie nicht verstehen! Ein Vordruck des mehrsprachigen Europäischen Unfall-

berichts ist beim ADAC erhältlich und sollte für alle Fälle im Handschuhfach bereitliegen. Unbedingt Kennzeichen, Name und Anschrift von Fahrern und Haltern der beteiligten Fahrzeuge sowie deren Haftpflichtversicherung und Versicherungsnummer notieren. Außerdem Name von (möglichst neutralen) Unfallzeugen festhalten und die Unfallstelle fotografieren. Lassen Sie sich bei Problemen vom ADAC beraten (Tel. 08 00/510 11 12).

Ihre Schadensersatzansprüche können Sie entweder bei der gegnerischen Versicherung oder über einen Regulierungsbeauftragten der gegnerischen Versicherung in Deutschland geltend machen, der Ihnen über den Zentralruf der Autoversicherer vermittelt wird.

Zentralruf der Autoversicherer Auskunftsstelle / GDV

■ Glockengießerwall 1, 20095 Hamburg, Tel. 0800/250 26 00, +49/403 00 33 03 00, www. gdv-dl.de

Barrierefreies Reisen

Die Situation für Reisende mit Behinderungen verbessert sich allmählich, ist aber noch weit davon entfernt, zufriedenstellend zu sein. Als Faustregel kann gelten, dass neue Gebäude wie etwa das sehenswerte Kunstmuseum KuMu in Tallinn in Sachen Barrierefreiheit besser abschneiden.

Beratung zum barrierefreien Reisen in Estland bietet die Online-Reiseagentur Accessible Baltics (www.accessible baltics.eu). Ein Ansprechpartner in Lettland ist die Organisation Apeirons (www.apeirons.lv). In Vilnius bietet das öffentliche Informationszentrum TPNC (www.tpnc.lt) Beratung an.

Diplomatische Vertretungen

Im vereinten Europa hat die Bedeutung von Botschaften abgenommen. Entsprechend hat **Österreich** seine Botschaften im Baltikum bereits geschlossen oder hat dies in Planung. Für Notfälle zuständig ist der Bürgerservice des Bundesministeriums für europäische und internationale Angelegenheiten (www.bmeia.gv.at) unter Tel. +43 (0) 50 11 50 44 11 (rund um die Uhr erreichbar).

Die **Schweiz** unterhält ein Regionales Konsularcenter Nordische und Baltische Staaten in Stockholm (www.eda. admin.ch/nordischestaaten).

Deutsche Staatsbürger können sich bei Problemen vor Ort wie Passverlust weiterhin an die Botschaften wenden:

Deutsche Botschaft Tallinn
 Toom-Kuninga 11, Tel. 627 53 00, www.tallinn.diplo.de

Deutsche Botschaft Riga
■ Raina bulv. 13, Tel. 67 08 51 00, www.riga.diplo.de

Deutsche Botschaft Vilnius
■ Sierakausko gatvė 24, Tel. 52 10 64 00, www.wilna.diplo.de

Feiertage

Offizielle Feiertage in allen drei baltischen Staaten sind: 1. Januar (Neujahr), Karfreitag, 1. Mai (Tag der Arbeit), 24. Juni (Johannistag), 25./26. Dez. (Weihnachten).

Außerdem gelten in den einzelnen Ländern noch folgende Feiertage, wobei insbesondere die jeweiligen **Unabhängigkeitstage** feierlich begangen werden:

Estland: 24. Febr. (Nationalfeiertag), 23. Juni (Siegestag), 20. Aug. (Wiedererlangung der Unabhängigkeit)

Lettland: Ostern, 4. Mai (Unabhängigkeitserklärung), 23. Juni (Mittsommerfest), 18. Nov. (Unabhängigkeitstag), 31. Dezember (Silvester)

Litauen: 16. Febr. (Unabhängigkeitstag), 11. März (Wiedererlangung der Unabhängigkeit), Ostern, 6. Juli (Krönung des Mindaugas, Staatsgründung 1250), 15. Aug. (Mariä Himmelfahrt), 1. Nov. (Allerheiligen)

Geld und Währung

In allen drei Ländern wird mit Euro bezahlt. Mit der EC- (Maestro-) oder Kreditkarte kann man an allen **Geldautomaten** abheben. Die gängigen **Kreditkarten** werden fast überall akzeptiert. Das Preisniveau ist allgemein niedriger als in Deutschland, Österreich oder der Schweiz, wobei importierte Artikel in Supermärkten durchaus mehr kosten können als gewohnt. Demgegenüber sind Dienstleistungen meist billiger, wobei hier ein deutliches Gefälle zwischen dem Land und den touristischen Zentren in den Hauptstädten herrscht. **Spartipps** finden Sie im Innenteil des Reiseführers.

Kosten im Urlaub
(durchschnittliches Preisniveau)

Tasse Kaffee	2 €
Softdrink (Limonade)	2 €
Glas Bier (0,4 Liter)	3 €
Glas Wein (0,2 Liter)	3,50 €
Hauptgericht (Restaurant)	10 €
Eintritt staatl. Museum	5 €
Mietwagen / Tag	20 €

Gesundheit

Die **Europäische Krankenversicherungskarte** ist in die übliche Versicherungskarte integriert. Sie wird, wie in der ganzen EU, auch im Baltikum anerkannt und garantiert die medizinische Versorgung. Sicherheitshalber empfiehlt sich der Abschluss einer zusätzlichen Reisekranken- und Rückholversicherung. Die medizinische Versorgung ist ausreichend, entspricht aber nicht immer westeuropäischen Standards. Empfohlen wird in allen drei Ländern bei Reisen von April bis Oktober eine Schutzimpfung gegen **FSME**.

 Haustiere

Für Hunde und Katzen ist bei Reisen innerhalb der EU ein vom Tierarzt ausgestellter **EU-Heimtierausweis** mit Vermerk über eine gültige Tollwut-Impfung vorgeschrieben. Eine Kennzeichnung durch Mikrochip ist seit dem 3. Juli 2011 für erstmalig gekennzeichnete Tiere Pflicht.

Information

Die offiziellen Webseiten der drei Fremdenverkehrsämter sind eine ausgezeichnete Informationsquelle:

- www.visitestonia.com
- www.latvia.travel
- www.lithuania.travel

In allen größeren Städten und Urlaubsgebieten gibt es örtliche Touristeninformationen, die zahlreiche Broschüren und Karten bereithalten. Die Adressen der Büros finden Sie jeweils zu Beginn der Ortsbeschreibung in diesem Reiseführer.

 Klima und beste Reisezeit

Das Klima ist überwiegend kontinental. In Estland ist der Einfluss polarer Luftmassen, in Litauen der des westeuropäischen ozeanischen Klimas stärker. Im Allgemeinen sind die Sommer warm, die Temperaturen betragen 20–30 °C. Frühling und Herbst sind relativ mild, aber kurz. Die Winter (Okt.
April) sind lang und kalt mit Durchschnittstemperaturen zwischen -15 °C und 5 °C.
Die Ostsee friert im Bereich der Küste meistens zu, oft schneit es stark. Der Niederschlag ist ansonsten gleichmäßig über das Jahr verteilt. Die beste Reisezeit ist von Mai bis September. Die Ostsee erwärmt sich aber auch im Sommer selten über 18 °C, Seen und Flüsse erreichen im Sommer Wassertemperaturen von 20–23 °C. Im Bereich der Kurischen Nehrung muss im Hochsommer stets mit Gewittern und heftigen Regengüssen gerechnet werden.

Klimatabelle Tallinn

Monat	Luft (°C) (min./ max.)	Wasser (°C)	Sonne (Std./ Tag)	Regentage
Jan.	-9/-3	1	1	11
Feb.	-9/-3	1	2	8
März	-6/0	1	4	8
April	0/7	2	6	8
Mai	5/13	5	9	7
Juni	10/18	11	10	8
Juli	13/21	15	9	10
Aug.	12/20	16	7	10
Sept.	8/15	13	5	13
Okt.	4/9	9	3	11
Nov.	-1/3	6	1	15
Dez.	-5/-1	3	1	14

Klimatabelle Riga

Monat	Luft (°C) (min./ max.)	Wasser (°C)	Sonne (Std./ Tag)	Regen- tage
Jan.	-9/-3	1	1	12
Feb.	-8/-2	1	2	9
März	-6/2	1	4	8
April	1/10	2	6	10
Mai	5/16	8	9	8
Juni	9/20	13	10	9
Juli	12/22	17	9	10
Aug.	11/21	18	7	11
Sept.	8/17	15	5	13
Okt.	4/10	11	3	11
Nov.	-1/4	8	1	13
Dez.	-5/-1	4	1	13

Klimatabelle Vilnius

Monat	Luft (°C) (min./max.)	Sonne (Std./Tag)	Regentage
Jan.	-9/-4	1	11
Feb.	-8/-2	2	8
März	-4/3	4	8
April	2/11	6	8
Mai	8/18	9	7
Juni	11/21	10	8
Juli	12/22	9	10
Aug.	12/22	7	10
Sept.	8/16	5	13
Okt.	3/10	3	11
Nov.	-1/4	1	15
Dez.	-5/-1	1	14

 Nachtleben

In den Hauptstädten, allen voran Riga, gibt es eine Vielzahl von Diskotheken, Clubs und Bars. Im Sommer werden Badeorte wie Pärnu, Jūrmala oder Palanga zu den Hotspots für Nachtschwärmer. Die Clubszene zieht dann von der Stadt an den Strand. In Tartu ist es umgekehrt: Hier kommt das bunte, studentisch geprägte Nachtleben in den langen Sommerferien etwas zum Erliegen. Da die Balten außerordentlich musikbegeistert sind, kommt man oft in den Genuss von Live-Konzerten. Ob Jazz, Blues, Rock, Pop, die Musikclubs bieten für jeden Geschmack etwas.

 Notfall

In Notfällen erreichen Sie EU-weit, also auch im Baltikum, Hilfe durch **Polizei**, **Feuerwehr** oder **ärztlichen Notdienst** unter der gebührenfreien Notrufnummer **112**.

ADAC Mitglieder können sich in Notfällen auch rund um die Uhr an den **Auslandsnotruf des ADAC** unter Tel. +49/89/22 22 22) wenden. Bei Bedarf werden auch **Dolmetscher** vermittelt.

 Öffnungszeiten

In den baltischen Staaten gibt es kein Ladenschlussgesetz. In der Regel öffnen die Geschäfte in den Städten Mo–Fr 10–21, Sa, So oder an Feiertagen 10–20 Uhr, Supermärkte teils auch länger. Kleine Läden oder Geschäfte in ländlichen Gebieten hingegen schließen oft während der Mittagszeit und abends schon um 17 oder 18 Uhr. Bei Reisen in abgelegene Regionen empfiehlt es sich, Proviant mitzunehmen, da Läden hier seltener sind.

Post

Typische Öffnungszeiten in **Estland**: Mo–Fr 10–18, Sa 10–15 Uhr, **Lettland**:

Mo–Fr 8–19, Sa 10–15 Uhr, **Litauen**: Mo–Fr 9–19, Sa 9–13 Uhr. In kleineren Städten und auf dem Land ist während der Mittagszeit geschlossen.

Rauchen und Alkohol

Rauchen in geschlossenen Gebäuden wie Restaurants oder Bars ist verboten. Ebenfalls verboten ist der öffentliche Genuss von Alkohol außerhalb von Gaststätten.

Sicherheit

Die baltischen Staaten gelten allgemein als sichere Reiseländer, jedoch kann es überall, wo sich Touristen aufhalten, zu Fällen von Kleinkriminalität (z. B. Taschendiebstähle) kommen. Auch im Nachtleben werden mitunter Betrügereien gemeldet. In Riga können über die Tourismus-Hotline 1188 Informationen über vertrauenswürdige Lokalitäten eingeholt werden. Sicherheitshinweise finden sich auch in den Reiseinformationen Ihrer nationalen Behörden (www.auswaertiges-amt.de, www.bmeia.gv.at, www.eda.admin.ch).

Sport

Meer, Seen, Flüsse und Nationalparks bieten im Baltikum eine Fülle an Möglichkeiten zu sportlicher Betätigung: vom Wandern, Reiten und Radfahren über Segeltörns und Kanutouren bis hin zum Kitesurfen. Einige Adressen sind im Haupttext unter den praktischen Hinweisen aufgeführt.

Golf

Golfclubs und Golfplätze gibt es vor allem in Nähe der Hauptstädte, Adressen finden Sie z. B. unter www.1golf.eu.

Kanu und Kajak

Zahlreiche naturbelassene Flüsse und Seen vor allem in den Nationalparks bieten sich für Bootstouren an, die meisten Strecken sind auch für Anfänger geeignet. Auskünfte erteilen die Besucherzentren der Parks oder Touristeninformationen.

Radfahren

Plattes Land, sanfte Hügel – wie geschaffen für Radtouren, allerdings muss man sich die Fahrbahn teilweise mit wenig rücksichtsvollen Autos teilen oder sich mit unasphaltierten Wegen begnügen. Es ist inzwischen möglich, die drei Länder auf markierten Radwegen entlang der Ostseeküste abzuradeln. Gute Bedingungen für Radfahrer bieten die Kurische Nehrung, die estnischen Inseln und das Gebiet um Druskininkai. Ausgewiesene Strecken für Mountainbiker gibt es etwa im Gauja-Nationalpark oder bei Tartu in der Gegend um Otepää.

■ Netzwerk BaltiCCycle, Bernadinu gatvė 10–6, Vilnius, www.balticcycle.eu

Reiten

Es gibt viele Reiterhöfe und Bauernhöfe, die Ausritte organisieren und Pferde verleihen. Gut ist das Angebot auch in den Nationalparks, die Besucherzentren halten Informationen bereit.

Segeln

Die Insel- und Schärenwelt vor der estnischen Küste gehört zu den schönsten Segelrevieren Europas – und in den meist modernen Marinas wartet nach dem Törn sogar eine Sauna. Die Ostsee ist auch Lettlands größtes Segelrevier. In Litauen sind neben dem Kurischen Haff die Seen

Festivals und Events

Februar

Tartu Marathon – Legendärer Ski-langlauf zwischen Otepää und Elva (www.tartumaraton.ee).

April

Estnische Musiktage (Tallinn) – Vorstellung neuer klassischer Kompositionen (www.helilooja.ee).

Mai

Skamba Skamba kankliai (Vilnius, Ende Mai) – Das Folklorefestival »Kling' meine Zither« belebt die Altstadt (www.ssk.lt).

Juni

Altstadtfest (Tallinn, Ende Mai–Anf. Juni) – Mittelalterliches Treiben rund um das Rathaus (www.vanalinna paevad.ee).

Mittsommerfest in Lettland

Mittsommerfest (23. Juni) – Das Johannisfest wird in Litauen (Jo-ninės), Estland (Jaani päev) und Lettland (Jāṇi) ausgelassen gefeiert.

Juli

Das **estnische Sängerfest** (www.laulupidu.ee) findet alle fünf Jahre in Tallinn statt, nächstes Mal 2019.

Die **Letten** begehen ihr Sängerfest (www.dziesmusvetki.tv) alle fünf Jahre in Riga. Das **litauische Sängerfest** (www.dainusvente.lt) wird alle vier Jahre in Vilnius gefeiert.
Jūros Šventė (Klaipėda, Ende Juli) Hafenfest mit Regatten, Konzerten (www.jurossvente.lt).
Opernfestival (Saaremaa, Ende Juli) – Estlands größte Insel begrüßt Opernliebhaber (www.saaremaa opera.com).

August

Fest der Liven (Mazirbe, 1. Sa.) – Hier treffen sich Liven von überallher.
»Weiße Dame« (Haapsalu, bei Vollmond) – Die legendäre Gestalt wird im Burgpark mit Fest und gruseliger Theateraufführung empfangen.
Festival der geistlichen Musik (Riga, Ende Aug./Anf. Sept.) – Die Kirchen der Metropole locken Musikliebhaber.

Oktober

Vilnius Jazz – Beim internationalen Jazzfestival spielen sehr bekannte Musiker aus aller Welt (www.vilnius jazz.lt).

November

Pimedate Ööde Filmifestival (Tallinn) – Passend zur Jahreszeit: das »Schwarze-Nächte-Filmfestival« (www.poff.ee).

Dezember

Weihnachtsmärkte auf dem Rathausplatz in Tallinn, dem Domplatz in Riga und dem Kathedralenplatz in Vilnius.

um Trakai bei Seglern beliebt. An der Ostsee und den Seen haben sich Jachtclubs etabliert, die Segelboote verleihen und Gelegenheiten zum Mitsegeln anbieten.

Wandern

Estland, Lettland und Litauen sind wahre Wanderparadiese, in den Nationalparks wurden vielerorts Lehrpfade zur Tier- und Vogelbeobachtung eingerichtet. Man kann aber auch ausgedehnte Strandwanderungen unternehmen, z. B. im Lahemaa-Nationalpark, am Strand von Jūrmala sowie auf der Kurischen Nehrung.

 Strom und Steckdose

Die Spannung beträgt 220 V/50 Hz. Euro-Norm-Stecker passen, andere Stecker nicht immer.

 Telefon und Internet

Alle **litauischen** Telefonnummern bestehen aus acht Ziffern. Die Ortsvorwahl ist in der Telefonnummer bereits integriert und muss nicht extra gewählt werden. Innerhalb des Landes wird eine 8 vorgewählt, für Anrufe aus dem Ausland die litauische Landesvorwahl ohne 8. In **Estland** und **Lettland** gibt es keine Ortsvorwahlen. **Mobiltelefone** sind weitverbreitet, der Empfang ist nahezu flächendeckend. Da die Roaminggebühren innerhalb der EU entfallen, sind die Preise fürs Telefonieren mit dem Handy die gleichen wie zu Hause. Wer auch Anrufe vor Ort plant, für den kann sich eine lokale **Prepaid-Card** lohnen, die es an praktisch allen Kiosken gibt. Öffentliche Telefonzellen verlieren rasant an Bedeutung.

Internationale Vorwahlen:
- Estland 00 372
- Lettland 00 371
- Litauen 00 370
- Deutschland 00 49
- Österreich 00 43
- Schweiz 00 41

Kostenloses **WLAN** ist weitverbreitet, in den Innenstädten fast flächendeckend, wodurch Internetcafés größtenteils schon wieder der Vergangenheit angehören.

 Trinkgeld

Auch im Baltikum freut sich die Bedienung über jedes Trinkgeld. Anders als in Deutschland erhält der Gast jedoch immer zunächst sein Rückgeld und lässt dann nach eigenem Ermessen einen Teil davon liegen.

 Umgangsformen

Litauen ist sehr **katholisch geprägt**, hier sollte man in Kirchen besonders auf angemessene Kleidung achten. In **russisch-orthodoxen Kirchen** sollten Frauen generell ihren Kopf bedecken. **FKK** ist abseits von speziell ausgewiesenen Stränden nicht verbreitet, an manchen Stränden gibt es Bereiche, die Frauen vorbehalten sind. In der **Sauna** gilt Nacktheit dagegen als natürlich, Badebekleidung ist hier unangebracht.

 Unterkunft und Hotels

Das Baltikum bietet eine Vielzahl von Übernachtungsmöglichkeiten. Die Hotels in den Städten sind im höheren Preissegment äußerst komfortabel. In den Altstädten von Tallinn, Riga und

Vilnius gibt es sehr viele charmante Hotels in alten Bürgerhäusern oder Klöstern. Mittelklassehotels sind eine gute Alternative, sie sind oft im skandinavischen Stil eingerichtet und bieten behaglichen Wohnkomfort. In von Touristen frequentierten kleinen Städten und landschaftlich reizvollen Gegenden findet man ebenfalls eine große Auswahl an Unterkünften. Schwieriger wird es in den Naturparks oder auf dem Land; da hat man meist nur die Wahl zwischen schlichten Gasthäusern, Privatunterkünften oder Campingplätzen. Empfehlungen finden sich auf den Hotel-Seiten für das jeweilige Land.

Camping

Die Campingplätze erreichen in den Touristenorten, am Meer oder auf den großen Inseln zunehmend westlichen Standard. Manche sind mit Hütten ausgestattet, die man mieten kann. Häufig findet man Naturplätze, die mit einfachen Wasserpumpen, Plumpsklos und Grillplatz ausgestattet sind. Wer mit dem Wohnmobil reist, hat keine Probleme. Elektroanschlüsse für Wohnwagen sind nicht immer vorhanden. Eine Auswahl geprüfter Plätze bietet der jährlich aktualisierte **ADAC Campingführer**, auch als App erhältlich.

Hotels

Bei Reisen nach Tallinn, Riga und Vilnius ist in der Hauptsaison von Frühjahr bis Herbst eine Reservierung ratsam, da die Hotels oft ausgebucht sind. Das Gleiche gilt im Sommer für die Kurische Nehrung, Jūrmala und Saaremaa. Wer online über ein Vergleichsportal wie booking.com bucht, spart in den meisten Fällen gegenüber der Buchung direkt beim Hotel. Abgesehen von den Luxushotels und internationalen Ketten liefert die Kategorisierung nach Sternen nur eine grobe Orientierung für den gebotenen Standard und Service.

Private Unterkünfte

Auf der Webseite www.airbnb.de finden sich für alle Regionen des Baltikums zahlreiche Privatunterkünfte, die häufig günstiger sind als Hotelzimmer.

Urlaub auf dem Land

In den drei baltischen Republiken erfreut sich Urlaub auf dem Land zunehmender Beliebtheit. Besonders in Estland werden Öko- und Naturtourismus immer populärer. Standard und Art der Unterkünfte sind vielfältig: Bauernhöfe, Schlösser, Herrenhäuser, Bed & Breakfast, Ferienhäuser und -wohnungen. Weitere Infos bei:

Estland: www.maaturism.ee
Lettland: www.celotajs.lv
Litauen: www.atostogoskaime.lt

Verkehrsmittel im Land

Bahn und Bus

Die **Bahn** ist im Baltikum unbedeutend, von Riga und Vilnius nach Tallinn verkehren keine Züge. Von den Hauptstädten lohnt es sich jedoch, Nahverkehrszüge in die nahen Datschensiedlungen zu nehmen. Fahrpläne unter:

Estland: http://elron.ee
Lettland: www.pv.lv
Litauen: www.traukiniobilietas.lt

Busse sind das beste Fortbewegungsmittel im Baltikum, sie fahren die meisten Orte an. Die Busbahnhöfe befinden sich meist im Stadtzentrum. Zwischen den baltischen Hauptstädten gibt es mehrmals tgl. Verbindungen mit komfortablen Bussen. Fahrplanauskünfte und Tickets unter:

Estland: www.tpilet.ee
Lettland: www.bezrindas.lv
Litauen: www.autobusubilietai.lt

Fähren

In Estland machen mehr als 2000 Inseln den Wasserverkehr zu einer Selbstverständlichkeit. Einige Fährverbindungen werden bei den jeweiligen Orten in separaten Mobil-Kästen aufgeführt.

Flugzeug

Zwischen den baltischen Hauptstädten bestehen mehrmals am Tag Flugverbindungen, empfehlenswert ist vor allem die lettische Air Baltic (www.airbaltic.com). Die estnischen Inseln Hiiumaa (Kärdla) und Saaremaa (Kuressaare) werden von Tallinn aus im Sommer tgl. oder mehrmals wöchentlich angeflogen (www.saartelennuliinid.ee).

Mietwagen

Die internationalen Autovermieter sind in den Großstädten und an den Flughäfen vertreten. Es ist also kein Problem, dort ein Auto zu mieten und durch das gesamte Baltikum zu fahren. Es wird allerdings teurer, wenn man das Auto nicht im selben Land wieder abgeben will. Vorsicht: In kleineren Städten kommt es häufig zu Engpässen, sodass man sich besser bei den Büros der Mietwagenfirmen in den Hauptstädten über die Verfügbarkeit eines Pkw am gewünschten Ort erkundigt. Für Mitglieder bietet die **ADAC Autovermietung** günstige Konditionen an.

Buchungen über www.adac.de/auto vermietung, die ADAC Geschäftsstellen oder unter Tel. 089/76 76 20 99.

Taxi

Taxis gibt es im Innenstadtbereich der Hauptstädte und größeren Orte problemlos (vor Flughäfen, Busbahnhöfen, Bahnhöfen, Hotels und Sehenswürdigkeiten). Die Tarife liegen deutlich unter den westeuropäischen Preisen. Es ist ratsam, zu Beginn der Fahrt den ungefähren Fahrpreis zum Ziel abzuklären.

Zeitverschiebung

Der Unterschied zur MEZ und MESZ beträgt in Estland, Lettland und Litauen jeweils plus 1 Stunde. Auf Sommerzeit wird wie in Deutschland, Österreich und der Schweiz umgestellt.

Zollbestimmungen

Die drei baltischen Staaten gehören zur EU, daher können Waren für den privaten Verbrauch in unbeschränkter Menge ein- und ausgeführt werden. Als Richtwerte für EU-Bürger gelten dabei z. B. 800 Zigaretten, 10 l Spirituosen oder 110 l Bier. Bei Einreise in die Schweiz sind Waren im Gesamtwert von über 300 CHF mehrwertsteuerpflichtig. Zusätzlich muss Zoll gezahlt werden, wenn Freimengen überschritten werden, z. B. mehr als 250 Zigaretten oder über ein Liter Spirituosen.

Für die Ausfuhr von Antiquitäten, Kunstwerken, Pelzen oder bei der Jagd erlegten Tieren muss eine staatliche Genehmigung bei der jeweiligen Zollbehörde eingeholt werden (Estland: www.emta.ee, Lettland: www.vid.gov.lv, Litauen: www.cust.lt).

Die Geschichte des Baltikums

4000 v. Chr. Erste Besiedlungen im heutigen Estland durch finno-ugrische Stämme. Im heutigen Litauen leben indoeuropäische Stämme.

ab 1300 v. Chr. Bernsteinschmuck wird bis nach Arabien gehandelt.

1201 Bischof Albert gründet Riga.

1219 Der dänische König Waldemar II. errichtet an der Ostsee eine Burg, um die die Stadt Tallinn (Reval) entsteht.

1386 Der litauische Großfürst Jogailas tritt mit seinem Volk zum Christentum über.

1430 Litauen erreicht seine größte Ausdehnung – von der Ostsee bis zum Schwarzen Meer.

1522/23 Die Reformation setzt sich im Herrschaftsgebiet der Deutschen durch.

1558–82 Livländischer Krieg: Nordestland geht an Schweden, Kurland und Livland suchen bei Polen Schutz.

1710 Russische Truppen erobern Estland und Livland, der Auftakt für 200 Jahre Zarenzeit im Baltikum.

1816–19 Aufhebung der Leibeigenschaft in Estland, Kurland und Livland.

1863 Nach einem Aufstand verbieten die Russen den Gebrauch des Litauischen. Geheime Büchergesellschaften halten die Sprache lebendig.

1869 Erstes Sängerfest in Tartu.

1918 Estland, Lettland und Litauen erklären ihre Unabhängigkeit.

1923 Litauen annektiert das Memelgebiet.

1939 Der Hitler-Stalin-Pakt besiegelt das Ende der Souveränität der baltischen Staaten.

1940 Die Sowjets deportieren nach ihrem Einmarsch Tausende Menschen nach Sibirien, die meisten sterben.

1941 Truppen der Deutschen Wehrmacht besetzen das Baltikum.

1944 Die Sowjetunion erobert das Baltikum zurück. Über eine Viertelmillion Balten fliehen nach Westeuropa oder Nordamerika, Zehntausende gehen als Partisanen in die Wälder.

1949 Deportationen nach Sibirien und die Ansiedlung von Russen verändern die Gesellschaft.

1989 Am 23. August, dem 50. Jahrestag des Hitler-Stalin-Pakts, bilden 1,7 Mio. Balten eine 600 km lange Menschenkette von Tallinn nach Vilnius.

1991 Die Sowjetunion erkennt die Unabhängigkeit der baltischen Staaten an.

2004 Estland, Lettland und Litauen treten der NATO und EU bei.

2015 Litauen führt als letzter der drei baltischen Staaten den Euro ein.

2017 Die drei baltischen Parlamente ratifizieren ein Abkommen für den Bau einer Eisenbahn-Hochgeschwindigkeitsverbindung bis nach Tallinn.

Die Belagerung von Riga durch die zarischtische Arme 1709/10, festgehalten in einem historischen Stich

Estnisch, Lettisch, Litauisch für die Reise

Das Wichtigste in Kürze

	Estnisch	Lettisch	Litauisch
Ja/Nein	*jah/ei*	*jā/nē*	*taip/ne*
Bitte/Danke	*palun/tänan*	*lūdzu/paldies*	*prašau/ačiū*
Hallo!/Auf Wiedersehen!	*Tere!/Nägemiseni!*	*Sveiki!/Uz redzēšanos!*	*Labas!/Iki pasimatymo!*
Guten Morgen!/Guten Tag!	*Tere hommikust!/ Tere päevast!*	*Labrīt!/Labdien!*	*Labas rytas!/Laba diena!*
Guten Abend!/Gute Nacht!	*Tere õhtust!/Head ööd!*	*Labvakar!/Ar labu nakti!*	*Labas vakaras!/ Labanakt!*
Mein Name ist …	*Minu nimi on …*	*Mans vārds ir …*	*Mano pavardė …*
Entschuldigung!	*Vabandust!*	*Atvainojiet!*	*Atsiprašau!*
Achtung!/Vorsicht!	*Tähelepanu!/ Ettevaatust!*	*Uzmanību!/Esiet piesardzīgi!*	*Dėmesio!/Atsargiai!*
Ich verstehe Sie nicht.	*Ma ei saa Teist aru.*	*Es Jūs nesaprotu.*	*Aš Jūsų nesuprantu.*
Wie viel kostet das?	*Kui palju see maksab?*	*Cik tas maksā?*	*Kiek tai kainuoja?*
Damen/Herren	*naiste/meeste*	*sieviešu/vīriešu*	*moterų/vyrų*
geöffnet/geschlossen	*lahti/kinni*	*atvērts/slēgts*	*atidaryta/uždaryta*
gestern/heute/morgen	*eile/täna/homme*	*vakar/šodien/rīt*	*vakar/šiandien/rytoj*
Wo ist …?	*Kus on …?*	*Kur ir …?*	*Kur yra …?*
Ist das der Weg nach …?	*Kas see tee viib …?*	*Vai šis ceļš ved uz …?*	*Ar tai kelias į …?*
Ich möchte …	*Ma tahan …*	*Es gribētu …*	*Aš norėčiau …*
Die Rechnung, bitte.	*Palun arvet.*	*Rēķinu, lūdzu.*	*Prašom sąskaitą.*

Wochentage

Montag	*esmaspäev*	*pirmdiena*	*pirmadienis*
Dienstag	*teisipäev*	*otrdiena*	*antradienis*
Mittwoch	*kolmapäev*	*trešdiena*	*trečiadienis*
Donnerstag	*neljapäev*	*ceturtdiena*	*ketvirtadienis*
Freitag	*reede*	*piektdiena*	*penktadienis*
Samstag	*laupäev*	*sestdiena*	*šeštadienis*
Sonntag	*pühapäev*	*svētdiena*	*sekmadienis*

Hinweise zur Aussprache

Estnisch

Das Estnische wird wie geschrieben ausgesprochen. Das õ ähnelt einem sehr offenen ö.

Lettisch

Ā, ā = langes ›a‹
C, c = wie ›z‹ in ›Ziffer‹

Ē, ē = langes ›e‹
Ī, ī = langes ›i‹
Ķ, ķ = ›kj‹
Ļ, ļ = ›lj‹
Š, š = ›sch‹
Ū, ū = langes ›u‹
V, v = w
Z, z = weiches ›s‹ wie in ›sieben‹

Litauisch

ą = langes ›a‹
č = ›tsch‹
ė = langes ›e‹ wie in ›Mehl‹
į, y = langes ›i‹
ū, ų = langes ›u‹
š = ›sch‹
ž = weiches ›g‹ wie in ›Gelee‹
ie = wie in ›Diego‹

Alle Blickpunkt-Themen in diesem Band:

Register

Register

Bildnachweis
Titel: Blick von der Aussichtsterrasse auf dem Domberg über die Altstadt mit Stadtbefestigung und Olaikirche, Tallinn, Estland
Foto: **Huber Images** (R. Schmid)
Rücktitel: links: **Jahreszeiten Verlag** (N. Kriwny); rechts: **Shutterstok.com** (Lukas Jonaitis)

Franz Marc Frei: 6.1, 46, 68, 78, 95, 113, 115, 119 – **gemeinfrei:** 136 – **Huber Images:** R. Schmid 4/5, 7, 8/9, 14/15, 17, 45 – **Jahreszeiten Verlag:** N. Kriwy 6.2, 13.3, 61; A. F. Selbach 10.2, 62, 65, 74 – **Jalag:** N. Kriwy 70 – **Laif:** E. Gerald 11.2; J.-P. Boening/Zenit 25; B. Gardel/hemis.fr 28, 90/91, 96; F. Guiziou/hemis.fr 98; D. Eisermann 144 – **Lookphotos:** Hemis 11.1; age fotostock 83, 84 – **mauritius images:** P. Forsberg/Alamy 12.1, 40; G. Lenz 13.1; T. Krüger 23; Zoonar GmbH/Alamy 34/35; AGF/Hermes Images 43; K. Forstmanis/Alamy 81 – **picture alliance:** dpa 39; robertharding 107 – **Shutterstock.com:** krivinis 2.2; EvijaF 5.1; Gagliardilmages 9; Ksenija Toyechkina 11.3; Grisha Bruev 12.2; Bokstaz 12.3; Tomasz Wozniak 13.2; ESB Professional 18/19; Alex Polo 31; Anilah 49; yegorovnick 51; indukas 53; Chamille White 55; S-F 56/57; gadag 73; Yevgen Belich 89.1; Boris Stroujko 101; Lukas Jonaitis 104; Cezary Wojtkowsk 108/109; matis 116; Raimonds Kalva 130

Herausgeber: GRÄFE UND UNZER VERLAG GmbH, Postfach 86 03 66, 81630 München
Leitender Redakteur: Benjamin Happel
Autoren: Robert Kalimullin, Christine Hamel
Verlagsredaktion: Gernot Schnedlitz (verantw.), Nora Köpp, Katja Tegler, Nadia Turszynski
Lektorat und Satz: Thomas Rach, www.bintang-berlin.de
Bildredaktion: Tobias Schärtl
Schlusskorrektur: Jessika Zollickhofer
Reihengestaltung: Eva Stadler
Kartografie: Kunth Verlag GmbH & Co. KG, München
Herstellung: Mendy Willerich
Druck: Drukarnia Dimograf Sp z o.o. (Polen)

Ansprechpartner für den Anzeigenverkauf:
KV Kommunalverlag GmbH & Co. KG, MediaCenter München, Tel. 089/928 09 60

ISBN 978-3-95689-452-7
1. Auflage 2018

© 2018 GRÄFE UND UNZER VERLAG GmbH, München
ADAC Reiseführer Markenlizenz der ADAC Verlag GmbH & Co. KG, München

Leserservice
adac@graefe-und-unzer.de
Tel. 00800/72 37 33 33 (gebührenfrei in D, A, CH)
Mo–Do 9–17 Uhr, Fr 9–16 Uhr

Bei Interesse an maßgeschneiderten B2B-Produkten:
gabriella.hoffmann@graefe-und-unzer.de

GRÄFE UND UNZER

Ein Unternehmen der
GANSKE VERLAGSGRUPPE